Cartier and the Luxury Conglomerate Richemont: Creating the Ultimate Brand Strategy

カルティエ
最強のブランド創造経営

巨大ラグジュアリー複合企業「リシュモン」に学ぶ
感性価値の高め方

長沢伸也
［編著］
杉本香七
［著］

東洋経済新報社

はじめに

◉本書の狙いと特徴

本書はブランド価値やブランド力を高めるためのブランド戦略の指南書である。

本書の特徴は、ほとんどのブランド戦略本が取り上げているコカ・コーラやマクドナルド、アップルやアマゾンなどを取り上げるのではなく、ラグジュアリーブランドのブランド戦略を見倣《みなら》え、としていることである。そう言うと、「私どもの会社がラグジュアリーブランドを見倣うのは畏《おそ》れ多い」、「我が社がラグジュアリーブランドになるなんて、とても無理」と食わず嫌いしてしまうビジネスパーソンが多い。しかし、現在のラグジュアリーブランドの隆盛を見て別世界と諦めるのではなく、欧州の街角にある冴えない老舗《しにせ》や山奥にある誰も知らない町工場といった地場伝統ものづくり企業がラグジュアリーブランドに変身するために「何をやったか」を見倣おうではないか。

本書の対象は、ブランド価値やブランド力が低くて悩んでいる日本のものづくり企業、地場伝統企業、中小企業などである。もっと言えば、世界のブランドランキング入りしてグローバル企業と互角に戦えている日本企業はたった数社であり、これ以外の日本企業はすべて対象である。ものづくり企業を前提としているので、いわゆるサービス業には当てはまらない部分はあるが、例えば「こだわりの製品」を「こだわりのサービス」と置き換えれば、かなり当てはめることが可能である。

本書では、読者に納得いただけるように、ブランドの事例を多数取り上げる。宝飾ブランドで時計も強いカルティエ（Cartier）の事例が多いが、1ブランドだけではカバーしきれないので、幾つかのブランドの事例を紹介する。宝飾ブランドのヴァン クリーフ＆アーペル（Van Cleef & Arpels）や、時計ブランドのジャガー・ルクルト（Jaeger-LeCoultre）やIWCシャフハウゼン（IWC Schaffhausen）など、コンパニー フィナンシエール リシュモン（Compagnie Financière Richemont SA）（以下リシュモン）グループ傘下の宝飾・時計ブランドの事例で統一している。その理由は、「こだわりのものづくり」が日本企業と類似しており、日本企業が学びやすいからである。

これが本書のもう一つの特徴であるが、リシュモングループがあまりにも知られていない（このこと自体も重要である）こともあって、書名は「カルティエ」を便宜的に前面に出している。また、リシュモンは歴史的にも売上・利益的にもカルティエを中心としたグループであるので、カルティエの事例が項目としても文章としても多くなっている。

他のブランドについては、項目の数や文章の長さなどはアンバランスになっており、リシュモングループ傘下であっても事例としてほとんど取り上げていないブランドもある。しかし、逆に項目の数や文章の長さをブランド間で揃えても読者にとって無益であろう。加えて、ソースとなる情報量の多寡がある上に、筆者の関心の濃淡があるためなので、ご容赦いただきたい。

なお、項目や法則の分類は「エイヤッ」と強引に行っている。例えば歴史とも言えるが人物とも言えるなど複数に跨がっていてスパッと割り切れないものも多く、入れ替えは可能である。事実、校正時に入れ替えたものもある。とりあえず筆者の考えを表明した「原案」と受け止めてほしい。

また、第3章での各ブランドの説明は簡潔にしている。さらに、ブチェラッティ(Buccellati)など最近リシュモングループに加わったブランド以外の主なブランドについては、歴史的な説明はリシュモンの傘下に入った2000年前後のあたりで切っている。最近のことはネットなどで記事がたくさん出ていて量的に追い切れず、リシュモン傘下入り以降の話は事例で取り上げているので、むしろ時系列の情報よりそちらを読んでほしい。

さらに、時計ブランドにおける時計や技術の解説は、時計専門誌(10誌以上ある)にはかなわないと思うし、シリーズ名と技術的な特徴だけ簡単に触れている。むしろ時計雑誌には載っていない経営に関することや、写真を含めて現地取材で得た知見のほうがオリジナリティが出て良いと考えている。

◉本書の経緯

編著者である長沢は、『ブランド帝国の素顔 LVMHモエ ヘネシー・ルイ ヴィトン』(単著、日本経済新聞出版、2002年)を嚆矢として、『ルイ・ヴィトンの法則』(編著、東洋経済新報社、2007年)、『それでも強いルイ・ヴィトンの秘密』(単著、講談社、2009年)、『シャネルの戦略』(編著、東洋経済新報社、２０１０年）、エルメスの章を含む『老舗ブランド企業の経験価値創造』（編著、同友館、２００６年）、ケリング・グループの紹介を含めた『グッチの戦略』（編著、東洋経済新報社、２０１４年）、スウォッチグループ（The Swatch Group）の発展の歴史である『「機械式時計」という名のラグジュアリー戦略』（監修・訳、世界文化社、２０１４年）により、ラグジュアリーブランドやグループの経営について紹介してきた。

また、理論書として、『ラグジュアリー戦略』（訳、東洋経済新報社、２０１１年）、『ファッション&ラグジュアリー企業のマネジメント』（監訳、東洋経済新報社、２０１３年）、『ラグジュアリー時計ブランドのマネジメント』（監訳、角川学芸出版、２０１５年）、『高くても売れるブランドをつくる！』（単著、同友館、２０１５年）を上梓してきた。

そこで、まだ取り上げていないリシュモングループを単に紹介するだけでもそれなりに意義はあるとは思われるものの、リシュモン傘下のブランド群が採っているブランド戦略を体系的に整理して、日本企業がすぐに応用できる形の実践的な指南書として本書が企画された。

一方、リシュモン ジャパン株式会社およびリシュモン インターナショナル社（Richemont International SA）のご厚意により、傘下ブランド群の本社やスイスの山奥にある工房まで現地見学する貴重な機会を得ることができた。具体的には、ヴァシュロン・コンスタンタン（Vacheron Constantin）本社工房（ジュネーヴ郊外プラン・レ・ワット［Plan-les-Ouates］）、ジャガー・ルクルト（Jaeger-LeCoultre）本社工房（ル・サンティエ［Le Sentier］）、ピアジェ（Piaget）本社工房（ジュネーヴ郊外プラン・レ・

ワットおよびラ・コート・オ・フェ〔La Côte-aux-Fées〕）、ＩＷＣシャフハウゼン本社工房（シャフハウゼン〔Schaffhausen〕）、Ａ・ランゲ＆ゾーネ（A.Lange & Söhne）本社工房（ドレスデン近郊、グラスヒュッテ〔Glashütte〕）を現地見学した。また、ジュネーヴ郊外ベルヴュー（Bellevue）のリシュモン インターナショナル本社、オフィチーネ パネライ（Officine Panerai）本社（ミラノ）および本店（フィレンツェ）も現地見学した。さらに、カルティエのパリ14区ラスパイユ大通り（Boulevard Raspail）の本社、2区ラ・ペ通り（Rue de la Paix）の本店やラ・ショー＝ド＝フォン（La Chaux-de-Fonds）の時計工房、オフィチーネ パネライの時計工房（ヌーシャテル〔Neuchâtel〕）、モンブラン（Montblanc）の時計工房（ル・ロックル〔Le Locle〕およびヴィルレ〔Villeret〕）は、歩き回って探し当てた。

スイスのジュラ山脈（Massif du Jura：フランスとスイスの国境地帯に沿って長く連なる山脈）やジュー渓谷（Vallée de Joux：ジュラ山脈の南端、フランスとの国境付近のヴォー州に位置する）の奥深い長閑な山村や、スイス東部の地方都市やザクセン州の小さな町で高度な技術を持つ職人の手によって作られている高級時計に感銘を受けた。

パリやミラノで活躍するスターデザイナーをカリスマ化できるファッションブランドに比べて、知名度という意味では地味な地方の都市や町や村、創業者や技術者を全面や前面に出しにくい時計ビジネスこそ、ブランド創造を学ぶべき純粋なブランドビジネスであると確信した。

一方、リシュモンのもう一つの柱である宝飾品のブランドやビジネスについて学識が豊かで『シャネルの戦略』の共著者である杉本香七が参画して、本書が成り立った。

◉本書の構成

本書は8章から成る。

第1章と第2章は導入部である。まず、第1章では、なぜ今、日本企業はラグジュアリーに学ぶべきなのかという理由を説明する。続いて第2章では、ラグジュアリー業界を概観して特徴を明らかにした上で、日本企業が学ぶべきはLVMHグループおよびその傘下企業群よりもリシュモングループおよびその傘下企業群である理由を説明する。また、第3章でそのリシュモングループおよび傘下のブランドの概要を紹介する。

第4章から第7章の4つの章は、ブランド戦略・経営戦略の具体的な方法論である。普遍的ブランド価値を創造する方法論として、正統性（orthodoxy）と真正性（authenticity）、情熱（passion）とこだわり（elaboration）、独自性（originality）と正当性（legitimacy）のブランド要素化（経営資源化）について、リシュモン傘下ブランドの事例に基づき説明する。各章または項の最初には、「一般企業が参考にするための視点」として、ラグジュアリーなど縁遠いと思っている日本企業に従事する人が、どのように示唆を得ればよいのか、視点のヒントを示す。

第8章では本書を総括し、「日本企業はラグジュアリー戦略を活用せよ」という日本企業への提言を示す。また、補章として、リシュモンによる傘下ブランドを束ねるマネジメント戦略について補足するとともに、日本においてコングロマリット（conglomerate：買収や合併などにより事業を多角化し、事業間に直接的な関係のない事業を複数抱えた複合企業）ではないが地場伝統産業の支援をする企

図表1　本書の構成

部	説明	章	内容	戦略
導入部	背景説明	第1章	ラグジュアリーブランドを参考にする理由	—
	実態紹介	第2章	ラグジュアリー業界の紹介 リシュモンと傘下ブランドを参考にする理由	—
		第3章	リシュモン傘下ブランドの紹介	—
方法論	ブランド戦略・経営戦略考察	第4章	歴史による正統性と真正性の向上	単なる年号ではなく、歴史上の出来事や著名人を讃えて商品やコミュニケーションで打ち出す戦略
		第5章	土地による正統性と真正性の向上	創業地や主力工場所在地（国よりも地域や村単位）を讃えて商品やコミュニケーションで打ち出す戦略
		第6章	人物による情熱とこだわりの発現	創業者、技術者、デザイナーの情熱とこだわりを讃えて商品やコミュニケーションで打ち出す戦略
		第7章	技術による独自性と正当性の向上	ノウハウ、特許、デザインを讃えて商品やコミュニケーションで打ち出す戦略
展開部	総括と提言	第8章	まとめ 提言	歴史、土地、人物、技術をブランド要素化せよ 日本企業はラグジュアリー戦略を活用せよ
付録	補足・参考事項	補章	ラグジュアリー戦略、日本の萌芽的事例	ラグジュアリーの今昔未来、ラグジュアリーコングロマリット、日本の萌芽的事例

業や仕組みの萌芽的事例を紹介する。

※本書では原則として、フランスおよびスイス仏語圏の人名はフランス語読み、ドイツおよびスイス独語圏の人名はドイツ語読みしている。

※本書の研究は令和２（２０２０）年度日本学術振興会科学研究費補助金基盤研究（B）JP18H00908の補助を受けた。

カルティエ　最強のブランド創造経営◉目次

Chapter 3
リシュモン傘下のブランド

Chapter 4
歴史による正統性と真正性の向上

Chapter 5
土地による正統性と真正性の向上

Chapter 6

人物による情熱とこだわりの発現

Chapter 7

技術による独自性と正当性の向上

Chapter 8

まとめ、提言

Supplementary Chapter

［補章］ラグジュアリー戦略、日本の萌芽的事例

Chapter 1

日本企業はラグジュアリーに学べ

§1-1　高くても売れる商品・熱烈なファンのいるブランドを目指せ

「ブランド価値が高い」「ブランド力がある」とは、どういうブランドを指すのであろうか。日用生活品や鞄《かばん》など同じカテゴリーの商品が数ある中で、同じ価格であっても選ばれる＝売れることは、もちろん好ましい。しかし、その程度ではまだまだである。それよりは、高くても売れる製品、高くても熱烈なファンのいるブランドであろう。高価格であるにもかかわらず他ブランドには見向きもせずに「これでなくては駄目なんだ」と指名買いされるブランドであることに異論はないだろう。

それでは、高くても売れる製品、高くても熱烈なファンのいるブランドはなぜ高価格販売が可能なのであろうか。それは機能以外の価値、つまり感性的な価値が高いからである。

鞄を例にしよう。鞄の機能はもちろん「物を入れて運ぶ」である。「物を入れて運ぶ」ことができるのであれば、1枚3円か5円のレジ袋や、500円か1000円のトートバッグで十分である。

「物を入れて運ぶ」という機能が1000円のトートバッグで実現できるのであれば、20万円するルイ・ヴィトン(Louis Vuitton)の鞄では、20万円－1000円＝19万9000円は機能以外の価値である。50万円するシャネル(Chanel)の鞄では、50万円－1000円＝49万9000円は機能以外の価値である。100万円するエルメス(Hermès)の鞄では、100万円－1000円＝99万9000円は機能以外の価値である。コストパフォーマンスが悪いこと甚だしい。しかし、それでも世の中の多くの女性は高価なルイ・ヴィトンやシャネル、エルメスといったラグジュアリーブランドの鞄を持ちたがるし、買いたがる。それは感性価値が高いからであり、欧州のラグジュアリーブランドは感性価値を作り込むのが上手である。

日本企業はこれが苦手である。欧州のラグジュアリーブランドはこれが得意である。だから、謙虚に見倣おうではないか。

ラグジュアリーと聞いただけで、関係ない、畏れ多いと線引きをして見向きもしないか、「自分の経済力では買えない」と遠巻きに見る態度を頑なに崩さない人をどれだけ見てきたことかしれない。最初に結論から書くと、本書で取り上げるリシュモングループ傘下に入っているラグジュアリーブランドの多くは、無策なまま環境変化に甘んじていたら衰退するか絶滅しかかっていたファミリービジネス、中小零細企業、こだわりすぎて利益が出ないものづくり企業、長い歴史が途絶えてしまったか途絶えかかっている伝統企業、地場特有の性質を生かした事業をしている地場産業だった。

かつては機能性商品で生活必需品だったのが、テクノロジーの台頭や社会環境の変化によって存在価値がなくなってしまった地場伝統産業で、伝統企業、地場企業、ものづくり企業が中心プレイヤーだった点では着物（洋服が登場するまでは「特別な時の衣装」ではなく毎日なくてはならない衣服だった）も機械式時計も同じである。日本の着物は衰退産業になり、かたやスイスの機械式時計は「ラグジュアリーブランド」という価値を得て世界の勝ち組産業に発展した。元の価値は似ているのに、運命がまったく違う。

今では「ラグジュアリー」と雲の上のような存在に見えるブランドも、元は現在テクノロジーの台頭やグローバル競争に苦しむ多くの日本企業と似たようなブランド要素（経営資源）を持ち、似たような苦境に立たされていたと聞くと意外な感じがするかもしれないが、そんなことはない。

日本企業も顧客ニーズ、創業者の想いを具現化するまでの濃くて熱いエピソード、それを下支えする高い技術力や卓越した職人たちと様々なストーリーを背景に持つ企業が多々あるのに、その価値をブランド価値や価格の理由としてうまく消費者にアピールできていない企業が多い。

国内の顧客はもとより、グローバルに向けて戦略的にマネジメントできていないか、行っておらずもったいない。

本書では、リシュモンがいかにして歴史や伝統（ヘリテージ）をマネジメントして価値創造と顧客への伝達を行っているのか、事例を示しながら説明する。各ブランドの歴史や、価値創造の源については第2章で紹介する。しかし、例えばカルティエやヴァン クリーフ&アーペルのような、「王侯貴族との結びつきによる発展」をいくら追求しても普通の企業には参考にならない。

そこで本書では、「いかにブランド価値を毀損せずに市場を広げ、消費者の価値観変化に伴いあるいは先取りして新たな価値を創造し、普遍化して行ったのか」その手法を各ブランドから抜粋して特徴的なものに対して命名しながら説明する。特に、歴史、土地（聖地）、人物（顧客の世界的なセレブではなくて、ブランドに偉大な業績を残した人物）、技術・素材など、こだわりの製品を作っている日本企業なら規模や知名度にかかわらずどこでも普通に持っている無形のブランド要素（経営資源）ばかりである。「欧州のラグジュアリーなんてすごすぎて真似できない」ではなくて、「我が社にも似たようなものがあるか、あるならどのように応用できるか」という視点で読み進めていただきたい。

§1-2 日用生活品とラグジュアリーのブランドの構成要素の違い

コカ・コーラに代表される日用生活品（FMCG）や汎用品（コモディティ）においては、ブランドの構成要素として一般に以下が挙げられる。

・ネーム（名称）
・ロゴ（ロゴマーク、ロゴタイプ）
・キャラクター
・スローガン（キャッチコピー）
・ジングル（音、音楽）
・パッケージ（包装、容器）

それぞれの要素は一貫したブランドイメージを与えることができるように設計することで、他の商品・サービスとの差別化を図ることができるとされている。

ラグジュアリーブランドでも、ネーム、ロゴ、パッケージは必要である。また、スローガンとして、デビアス（De Beers）の「A Diamond is Forever（ダイヤモンドは永遠の輝き）」は20世紀のマーケティングの歴史の中において最も成功したスローガンの一つである。ただし、ラグジュアリーブランドは全般にテレビCMをほとんどしないので、CMソングのようなジングルは有効とは思われないし、ケンタッキーフライドチキン（KFC）のカーネル・サンダース小父さんの立像のようなキャラクターは逆効果であろう。

一方、ラグジュアリーブランドでは、日用生活品や汎用品においては無視されている以下の要素が重要であると、筆者の長年の研究から結論付けた。

・歴史（単なる年号ではなく、歴史上の出来事や著名人）
・土地（創業地、主力工場所在地。国よりも地域や村単位）
・人物（偉大な業績をブランドに残した人物。創業者、技術者、デザイナーの想い、情熱、こだわりへの敬意・賛辞）
・技術（特許、ノウハウ、デザインを含む）

これらをブランドの要素として活用してブランド要素化（経営資源化）することが、感性価値を高める必要条件である。

これらについて、本書ではリシュモン傘下のブランドの例を用いて第4章〜第7章で解説する。

S1-3 日本企業が参考にすべきはGAFAではない

IT業界において支配的・独占的な企業群「GAFA」がビジネス雑誌やビジネススクールでもてはやされているが、日本企業とはあまりにも違いすぎて参考にならないと思われる。

これらはITを駆使したプラットフォームビジネスが中心であり、多産多死の米国ベンチャー企業の中で大成功した数少ない企業のことである。大学発ベンチャーを含むベンチャー企業・起業家や企業内ベンチャーがサブスクリプション（定額課金）ビジネス等を立ち上げる場合などには大いに参考になるであろう。

しかし、彼らはブランド力も高いものの、地道なものづくり企業とは性質が異なる。確かにアップル（Apple）はアイフォン（iPhone）などの製品を出してはいるが、ファブレス（工場を持たない）でアジアの下請け企業からグローバル調達している。また、テスラ（Tesla）は確かに電気自動車をつくっていて時価総額もトヨタ自動車を超えたが、生産計画は未達で受注台数をこなせず、「ものづくり」を中核に据えたブランディングという意味では参考にならないであろう。

「世界標準の経営学」（米国を中心とする経営学トップジャーナルに掲載され、注目を浴びている経営理論）も、米国のアカデミズムが科学知アプローチ（仮説検証型の定量的実証研究を通じた知の探究）により主にベンチャーや金融系の米国企業を対象としていて、同様である。

日本企業の大部分は、何十年か百何十年前に、立志伝中の人物や有名な起業家、あるいはそれほど有名ではないかもしれない起業家が創業したり、国策会社あるいは親会社やグループ企業の戦略などで創業したりして今日まで続いているものの、創業の志や存在意義も次第に薄まったり変容したりして、ブランドとしての輝きを失いつつあったり、もともとブランドとして地味だったりしているのではないか。

そうであるならば、日本企業が学ぶべきは、GAFAよりもむしろ、パリの街角の宝飾店やスイスの山奥の時計工房が世界的なラグジュアリーブランドに発展するのに採った経営戦略や活用したブランド要素（経営資源）ではないか。

さらに、GAFAは提供するサービスの利便性と、創業者のカリスマ性やニーズの掛け合わせによる付加価値創出であって、経年による価値の蓄積が期待できない。その人物が死亡、失墜するとブランド価値も同時に衰える。これに対して、ラグジュアリーや老舗《しにせ》の人物付加価値戦略は、経年とともにリスペクト、価値が増すのでサステイナブルである。

また、GAFAはそのサービスや使用者（顧客）の輝きによる恩恵を受けない（有名人がフェイスブック［Facebook］やアイフォンの熱烈なファンだからといって顧客がフェイスブック社やアップル社に魅力をプラスで感じることはない）。これからの時代は伝統（ヘリテージ）と、それにまつわるストーリーや経験を提供できないブランドや企業は消費者を長期的に惹きつけることはできないだろう。利便性による顧客獲得効果は、新しい技術や優れた機能が台頭すれば、即薄れるのは自明の理だ。また、言うまでもなくDNAや歩みをブランド価値に変換して有効に伝えないと、ただの遺物になってしまう。歴史に嘘があってはいけない。GAFAのビジネスにはここが欠けている。

アップルは別だ、という声が上がりそうだが、テクノロジーや利便性がもたらす価値は時間とともに廃れる宿命で、いわば「生鮮IT商品」である。これは歴史や文化がもたらす製品価値とは真逆である。さらに、アップルが提供しているのはもはや「もの」ではなく、ものを通したプラットフォームサービスであり、それも世界規模である。日本の中小企業、中でもものづくり企業が参考にしようとしても現実味に欠ける。

ラグジュアリーでは、セレブ顧客の使用によって商品やサービスに価値が付与される。ココ・シャネル（Coco Chanel）が使ったホテル リッツ パリ（Hôtel Ritz Paris）のスイートルーム、作家のサマセット・モーム（Somerset Maugham）が愛したラッフルズ ホテル シンガポール（Raffles Hotel Singapore）のバーなど。特に時計や宝飾品、車など製造に高度な職人の技術が求められるものは開発者、技術者の人物プレミアム効果がつきやすい。創出に関わった人が尊敬されていると、そのリスペクトのハロー効果を受けられる。なぜならば、このようなプロダクトは、人間が行う行為の質を高める（F1レーサーが精密な時計で勝つ、登山家がスイスナイフでサバイバルするなど）のを助ける存在だからである。ラグジュアリー企業は、この特徴をブランド価値に積極的に転換しており、ブランド価値向上スキルが高い。

これに対して、GAFAが提供しているのは人間がすでにやっている行為を便利にしたり、代替したりしているだけなので、それを提供、開発した人物プレミアが発生し得ない。どちらが良い悪いではなくて、性質が異なる。特にこだわりが強い企業人や顧客が多い日本で真似しやすいのは、ラグジュアリーだ。

本書で紹介するリシュモン傘下のブランド群も、様々な経営資源（人、もの、金、情報）やノウハウ不足でブランド化、企業化に困窮していたところを、リシュモングループまたは傘下ブランドが持つ経営資源やノウハウを活用して価値を創出している。しかも、製造拠点を経営効率化のためにむやみに海外に移したり、その企業、ブランド、産業らしさを捨て去ったりすることなく、むしろ元来の姿を強調して価値を高めるやり方を採用して成功している。家族経営的な地場伝統ものづくり企業が、「ラグジュアリー産業」として一分野に成長してから30年以上経過し、ある程度成熟している（補章§A－1参照）。

一方で、GAFAの時代が到来してから、今年で10年程度である。産業構造は目まぐるしく変化するので、今現在の状態を見て「これがプラットフォームビジネスの勝ちパターンだ」と確定できるほど成熟した産業構造の形成をするまでには至っていない。

ブランド力の無さに悩む日本企業、生産拠点を工賃が安価な他国に移している日本の製造業、産業として衰退しかかっている日本の地場伝統ものづくり企業などは、GAFAよりもラグジュアリー、特にリシュモンに学ぶことが多いと確信している。

§1-4　日本のものづくり企業はラグジュアリーに学べ

日本のものづくり企業は、こだわりの技術や品質を誇っている。技術も品質も他社並みで、何も誇るべきものを持っていない企業は、まず技術や品質を磨く必要があるので論外である。しかし、そういう企業はそもそも存在価値がないので少ないであろう。

技術も品質も他社より十分高いものを持っているのであれば、その高い技術や品質を生かした製品を他社製品よりも高い価格で売って、売上も利益もブランド力もアップするのが本来ではないか。しかし、現実には高い価格で売れず売上も利益も低迷してブランド力もないとしたら、それは技術や品質の問題ではない。経営やマネジメントの問題である。

長引く不況とデフレでコストダウンを余儀なくされているものづくり企業も多いだろう。さらに、ＩＴの進展によって、他の商品・サービスと常に価格を比較され、企業は過当競争に陥っている。今こそ、高付加価値、高価格で市場での地位を築いた企業から学ぶ時だ。

近年では、ＩＴの進展で「定価」や「一物一価」という概念が崩れつつある。例えばサブスクリプションで使い放題といった仕組みが、音楽や映像にとどまらず、車や住宅にまで及んだ。また、販売や予約、決済にかかわるデータの取得が容易になったことで、ダイナミックプライシングや商品・サービスの価格を比較するプライスマッチングが浸透している。

しかし、こうした流れは企業の付加価値を高める上で非常に危険だ。定額で使い放題のような仕組みにおいては、消費者は個々の商品・サービスの付加価値より、全体のバラエティを重要視する。また、インターネットサイト上で同品質の商品やサービスと常に比較されることは、過当競争を生み、結果的に低価格化と同質化、ブランドの毀損《きそん》をもたらして企業は疲弊し、その持続可能性を低くする。今こそ日本企業は、価格破壊に抗《あらが》い、それぞれの業界における高付加価値化、高価格化を目指していかなければならない。

そのためにはどのような経営戦略を策定、実行すればよいのだろうか。

日本企業は長らく、ものづくり企業の成功に基づく経営戦略に縛られてきた。品質（Q）についてはTQC（全社的品質管理）、コスト（C）については製品企画の段階で売価を先に決めてコストダウンを図る原価企画を徹底した。納期（D）や在庫については、トヨタのジャスト・イン・タイム生産方式を生み出し徹底してきた、そして、完成した製品を長期間、大量に生産して、その間もQCDについてカイゼンを繰り返して利益を増やすことに成功してきた。

しかし、これでは〝泥沼化〟する価格競争からは抜け出せない。この状況を変えるためには、以下のような戦略が考えられる。①一人の顧客に生涯を通じていろいろ買ってもらう、②他社に真似されない技術で差別化する、③他社に真似されないよう知的財産権を獲得して阻止する、④デザインなどの感性品質で差別化する、⑤ブランドイメージで差別化する、などである。

このうち日本企業が不得意なのが④、⑤である。日本企業は人口減少時代に入り、国内市場が縮小していく今だからこそ、なおさら、デザインやブランドを磨かなければならない。

その時参考になるのが、高付加価値、高価格で市場での地位を築いたラグジュアリーブランドの戦略だ。

リシュモンの売上の34％は宝飾、32％は時計であり、宝飾と時計を中心としたグループである。ものづくりという観点からは宝飾よりも時計のほうが日本の製造業にわかりやすいので、時計の例を挙げる。

日本の時計メーカーは、機械式時計も一部つくってはいるが、クオーツ時計、ソーラー時計、ソーラー電波時計、GPS時計などに注力している。特にソーラー電波時計は誤差が10万年に1秒であるから、「時を計る」と書く時計本来の機能としては完璧である。しかしながら、価格は1万円から十数万円がせいぜいである。最近のソーラーGPSという、サハラ砂漠の真ん中でもタイムゾーンを自動的に制御するという大そうな時計だって、せいぜい20万円ぐらいである。

これに対して、スイスの時計メーカーは、いまだに機械式手巻き時計や機械式自動巻き時計に注力している。その精度はいまだに日差は1日数秒から十数秒と、明らかに劣る。しかしながら、価格は数十万円から数千万円のものまであって、非常に高価である。彼らは時計とは言わない。タイムピースと言う。タイムピースとしての魅力、ブランドとしての魅力がある。だから、日本企業もこっちを目指したほうがよいのではないかと提言したい。

セイコーの最高峰ブランド「グランドセイコー（Grand Seiko）」やシチズンの最上位ブランド「カンパノラ（Campanola）」は、中心的価格が国産ブランドとしては破格の30万円から70万円ほどという高価格ながら最近はよく売れていて両社の好決算に貢献している。しかし、スイスの一流ブランドでは、その価格帯は入門製品の価格帯またはそれ以下であり、はるかに高価格で、「タイムピース」としての魅力、ブランドとしての魅力にあふれている。

もっと高く売れるはずなのにそうできずにいるのは、時計メーカーだけに限らない。自動車や電気製品など、日本の工業製品全般に言えることである。時計の例が端的に示すように、日本のものづくりの技術力、クリエイション力はすごい。しかし、ビジネス（価値づくり・商品づくり・ブランドづくり）はまだまだと言える。ものづくりの技術力、クリエイション力はすごいのだから、それを生かしたビジネス（価値づくり・商品づくり・ブランドづくり）をしたら良いではないか。

日本の時計メーカーが起こしたクオーツ・ショックにより30数年前に瀕死だったスイス時計産業は「機械式時計」という名のラグジュアリー戦略によって劇的に復活した。30数年前にスイス時計産業が直面した危機とそれを乗り越えた戦略は、現在および近未来の日本製造業が生きる道を示している。

日本企業が学ぶべきはLVMHよりもリシュモン

§2-1 ラグジュアリー業界の規模と成長、特徴

世界経済の停滞にも負けず、2019年の調査結果では、ラグジュアリー業界の世界市場における成長は加速しており、その市場規模は、2015年の8兆4500億ユーロから2024年までには11兆2600億ユーロへ成長が見込まれている。成長の後押しをしているのは、デジタル化とミレニアル世代である（出所1）。

ラグジュアリービジネスの特徴は以下の通りである。

・汎用品にはないブランド価値が付くことにより一般に高価格・高収益で高利益率

・世界の高所得層の増加（特にアジア）による売上増加期待
・価格競争に巻き込まれず、不況下でも大きくは落ち込まない安定的な収益
・ファッションから車、酒・食品、生活用品まで幅広く含まれる
・欧州に多く存在する

「不況下でも大きくは落ち込まない」ことについて補足すると、例えばリーマン・ショックが起きた2009年当時は、「人々が萎縮して誰もラグジュアリーを買わなくなる」という説が強かった。しかし、ラグジュアリー業界全体の売上は2009年こそ前年を下回ったが、大方の予想を裏切り翌2010年には2008年を上回って成長した。また、東日本大震災の直後も同様の悲観的な見通しが支配的であったが、翌月以降、特に仙台の百貨店でのラグジュアリーの売上は震災前を上回った。後付けで「絆《きずな》消費」と説明された。

ラグジュアリー産業はファッションから車、ホテル、酒・食品、家具、ヨット（クルーザー）、化粧品などがあるが、すべて含めると範囲が広すぎるし一般的に「ラグジュアリーブランド」と聞いてほとんどの人がイメージするのはルイ・ヴィトン（Louis Vuitton）、シャネル（Chanel）、カルティエ（Cartier）、ティファニー（Tiffany & Co.）などであると思われる。そこで本書では、ファッション、革製品、時計、宝飾などを総合的に扱うラグジュアリー企業を中心に扱う。

大手ブランドコンサルティング会社であるインターブランド（Interbrand）がブランドランキン

グ「ベスト・グローバルブランド（Best Global Brands）」を発表している。このランキングは、グローバルな事業展開を行うブランドを対象に、そのブランドが持つ価値を金額に換算してランク付けするもので、その上位100ブランドを毎年秋に公表している。その評価対象として、以下の基準を満たす企業・商品を抽出し、評価をしている。

- 各種財務情報が公表されていること
- グローバルに展開していること（起源国以外での海外売上高比率が30％を超えていること、少なくとも3つの主要な大陸に進出しており、新興国もカバーしている）
- ブランドが顧客の購買行動に影響を与えていること

また、このブランド価値評価手法は以下に拠っている（出所2）。

- 財務力：企業が生み出す利益の将来予測を行う「財務分析」
- ブランドが購買意思決定に与える影響力：利益のうち、ブランドの貢献分を抽出する「ブランドの役割分析」
- ブランドによる将来収益の確かさ：ブランドによる利益の将来の確実性を評価する「ブランド力分析」

最近のトップ10は、アップル（Apple）、グーグル（Google）、アマゾン（Amazon）……とお馴染みの顔ぶれが並んでいるが、ラグジュアリーブランドも上位100位以内に顔を出すようになってきている。そこで、「ラグジュアリー」のカテゴリーに分類されているブランドを2001年～20年までのランキングから抜き出して、その変遷を**図表2-1**に示す。

なお、ポルシェ（Porsche）やフェラーリ（Ferrari）は「自動車」、ヘネシー（Hennessy）やモエ・エ・シャンドン（Moët & Chandon）は「酒」に分類されているので、世間的にはラグジュアリーと認識されているかもしれないが除外している。

ルイ・ヴィトンは、一度もランク落ちすることなく、2005年以降は安定してトップ20位内にランクインしており、ラグジュアリーブランドにおけるリーディング・ブランドとして不動の位置を確立していると言える。次に、シャネルは2010～17年にランク外となっているが、これはブランド価値が下がったというよりも、非上場企業なので分析に用いる財務データが十分には公表されなかった可能性がある。しかし、詳細な財務データをわざわざ公開した2018年以降は20位台に位置していることもあり、独立系メゾンとしては大御所であることに変わりはない。

続いて、エルメス（Hermès）、グッチ（Gucci）、カルティエ、ティファニーも2010年以降は安定してトップ100位以内にランクインしている「常連」であり、マスマーケット向けのパワーブランドに負けず劣らず健闘している。以上の5ブランドは、当ランキングにおいてはル

図表2-1　主要ラグジュアリーブランドのランキングの変遷

年	ルイ・ヴィトン	シャネル	エルメス	グッチ	カルティエ	ディオール	ティファニー	バーバリー	プラダ	ラルフ ローレン	ヒューゴ・ボス	アルマーニ	ロレックス	ブルガリ
2001	38	61	-	50	-	-	73	-	86	85	-	91	69	-
2002	41	64	-	50	-	-	72	-	87	95	-	100	-	-
2003	45	61	73	53	-	-	70	-	95	95	-	-	-	-
2004	44	64	79	59	91	-	75	-	93	100	-	93	70	-
2005	18	65	82	49	89	-	81	-	95	-	-	95	72	94
2006	17	61	81	46	86	-	82	98	97	-	-	97	72	95
2007	17	58	-	46	83	-	79	95	-	99	-	-	71	-
2008	16	60	-	45	79	-	80	-	94	-	-	94	71	-
2009	16	59	70	41	77	-	76	98	87	-	-	89	68	-
2010	16	-	69	44	77	-	76	100	-	-	-	95	-	-
2011	18	-	66	39	70	-	73	95	-	-	-	93	-	-
2012	17	-	63	38	68	-	70	82	84		-			
2013	17	-	54	38	60	-	75	77	72	88	-	-	-	-
2014	19	-	46	41	58	-	71	73	70	83	-	-	-	-
2015	20	-	41	50	57	-	66	73	69	91	97	-	-	-
2016	19	-	34	53	62	89	74	83	81	98	-	-	-	-
2017	19	-	32	51	65	96	81	86	94	-	-	-	-	-
2018	18	23	32	39	67	91	83	94	95	-	-	-	-	-
2019	17	22	28	33	68	82	94	96	100	-	-	-	-	-
2020	17	22	28	32	73	83	94	97	99	-	-	-	-	-

出所：Interbrand "Best Global Brands Top 100" 各年版より筆者作成

イ・ヴィトンに次ぐ高いブランド力を維持していることが窺われる。そして、ディオール（Dior）、バーバリー（Burberry）、プラダ（Prada）が続いている。

このようにここ数年を振り返ると、多少の浮き沈みはあるとはいえ、トップ100以内に比較的事業規模の小さなラグジュアリーブランドが常時7〜9ブランドもランクインしている。このことは、高級消費財というごく限定的なマーケットという前提条件に鑑みると、ラグジュアリーブランドは確かな存在感を放っているといえる。

なお、日本企業でトップ100以内にランクインするのが常時6〜8ブランドである。例えば、2020年では、日本ブランドはトヨタ、ホンダ、ソニー、日産、キヤノン、任天堂、パナソニックの7ブランドであるのに対して、ラグジュアリーブランドは9ブランドと数の上で日本ブランドを上回っている。

ラグジュアリー業界を研究している筆者らに対して、他のブランド研究者からマイナーな業界、あるいはニッチな業界を研究していると言われることがある。日本の自動車ブランドや家電・電器ブランドより売上的には少なくても、ブランド価値としては同等以上の存在感がある。ブランド研究で日本の自動車ブランドや家電・電器ブランドを研究するのをマイナーとかニッチな研究とは言わないであろうから、残念ながら誤解ないしは偏見が根強いのかもしれない。

§2-2 ラグジュアリー業界のプレイヤーと傘下ブランド

業界の主なプレイヤー（企業）をまとめたものが**図表2－2**である。

本書の中心的内容になるリシュモン、一番有名なＬＶＭＨ、傘下にあるグッチは有名だけれども母体はあまり知られていないケリング（Kering）が3大プレイヤーで、傘下に様々なブランドを持つコングロマリットで、いずれも上場企業である。

近年、ラグジュアリーブランドの世界は、従来のブランド企業同士の競争から少数のブランド・コングロマリットと呼ばれる巨大企業グループによる寡占・集約へと、経営環境が変化してきている。それに伴い生まれた、新たな競争パラダイムの中心に位置し、常に変化を遂げながら前進を続ける3大ブランド・コングロマリットとしては、ＬＶＭＨモエ ヘネシー・ルイヴィトン（LVMH Moët Hennessy. Louis Vuitton）（以下ＬＶＭＨ）、コンパニー フィナンシエール リシュモン（Compagnie Financière Richemont SA）（以下リシュモン）、ケリングがある。ＬＶＭＨとケリングはフランス、リシュモンはスイスでそれぞれ上場している。

1990年代以降、ラグジュアリーブランドの買収・合併が盛んに行われたことにより、現在、ラグジュアリー市場は、いくつかのラグジュアリーブランド・コングロマリットに収斂《しゅうれん》され激しい競争が行われている。現在でも、エルメスやシャネルといった独立系メゾンも存在するが、ラグジュアリー市場では、LVMHや、リシュモンなど巨大グループが市場の中心的なプレイヤーとなっている。

現在、世界最大のラグジュアリー企業は、LVMHであり、次いでリシュモングループ、第3位に、ケリング・グループが位置している（**図表2－3**）。

LVMHは536億7000万ユーロ（約6兆4404億円）の売上を持っているコングロマリットであり、大きく5つの事業（ビジネスグループ）から成る。ファッション&レザーグッズ部門だけでも、ルイ・ヴィトン、ロエベ（Loewe）、セリーヌ（Celine）、ジバンシィ（Givenchy）、フェンディ（Fendi）など、有名なブランドを数多く保有している。さらに、モエ・エ・シャンドンやドン・ペリニヨン（Dom Pérignon）、ヴーヴ・ク

図表2-2　業界の主なプレイヤー（企業）

コングロマリット	独立上場	独立非上場
LVMH	エルメス	シャネル
リシュモン	プラダ	
ケリング	バーバリー	

出所：筆者作成

図表2-3　主なラグジュアリーコングロマリット（複合企業体）傘下の企業・ブランド一覧

a　LVMHモエ ヘネシー・ルイ ヴィトン（LVMH Moët Hennessy. Louis Vuitton）

カテゴリー	ブランド
ワイン＆スピリッツ	アオ ユン、アードベッグ、ベルヴェデール、ボデガ・ヌマンシア、ケープ メンテル、シャンドン、シャトー・シュヴァル・ブラン、シャトー・ディケム、シュヴァル デ アンデス、クロ・デ・ランブレイ、クロ・ディズヌフ、クラウディーベイ、ドン・ペリニヨン、グレンモーレンジィ、ヘネシー、クリュッグ、メルシエ、モエ・エ・シャンドン、ニュートン・ヴィンヤード、ルイナール、テラザス・デ・ロス・アンデス、ヴーヴ・クリコ、ボルカン デミ ティエラ、ウッディンビル（24ブランド）
ファッション＆レザーグッズ	ベルルッティ、セリーヌ、クリスチャン ディオール、エミリオ・プッチ、フェンディ、フェンティ、ジバンシィ、ケンゾー、ロエベ、ロロ・ピアーナ、ルイ・ヴィトン、マーク ジェイコブス、モワナ、パトゥ、リモワ（15ブランド）
パフューム＆コスメティックス	アクア ディ パルマ、ベネフィット、チャリン、フェンティ ビューティー バイ リアーナ、フレッシュ、パルファム ジバンシィ、ゲラン、ケンゾー パルファム、KVD Vegan Beauty、メゾン フランシス クルジャン、メイクアップフォーエバー、マーク・ジェイコブス ビューティー、パルファン・クリスチャン・ディオール、パフュームス・ロエベ（14ブランド）
ウォッチ＆ジュエリー	ブルガリ、ショーメ、フレッド、ウブロ、タグ・ホイヤー、ティファニー、ゼニス（7ブランド）
セレクティブ・リテーリング	DFS、ラ・グランド・エピスリー・ド・パリ、ル・ボン・マルシェ、セフォラ、スターボード クルーズサービス（5ブランド）
その他の活動	ベルモンド（旅行）、シュヴァル・ブラン（ホテル）、コネサンス・デ・ザール（芸術誌）、コヴァ（菓子）、アンヴェスティール（金融雑誌）、ジャルダン・ダクリマタシオン（公園）、ラ・サマリテーヌ（ホテル等複合施設）、ル・パリジャン（全国紙）、レゼコー（経済新聞）、ラジオ・クラシック（放送局）、ロイヤル・ヴァン・レント（高級ヨット製造）

b　コンパニー フィナンシエール リシュモン（Compagnie Financière Richemont）

カテゴリー	ブランド
宝飾メゾン	ブチェラッティ、カルティエ、ヴァン クリーフ＆アーペル（3ブランド）
専門時計メーカー	A.ランゲ＆ゾーネ、ボーム＆メルシエ、IWCシャフハウゼン、ジャガー・ルクルト、パネライ、ピアジェ、ロジェ・デュブイ、ヴァシュロン・コンスタンタン（8ブランド）
オンライン流通	ウォッチファインダー、ユークス ネッタポルテ（2ブランド）
その他	アライア、クロエ、ダンヒル、モンブラン、ピーターミラー、ジェームス・パーディ、セラピアン（7ブランド）

c　ケリング（Kering）

カテゴリー	ブランド
ファッション＆レザーグッズ	グッチ、サンローラン、ボッテガ・ヴェネタ、バレンシアガ、アレキサンダー・マックイーン、ブリオーニ（6ブランド）
ウォッチ＆ジュエリー	ブシュロン、ポメラート、ドド、キーリン、ユリス・ナルダン、ジラール・ペルゴ（6ブランド）
アイウエア	ケリング アイウエア（1ブランド）

出所：各社HPより筆者作成

リコ（Veuve Clicquot）などのワイン＆スピリッツ部門。あとウォッチ＆ジュエリー部門ではブルガリ（Bvlgari）、タグ・ホイヤー（TAG Heuer）、ゼニス（Zenith）、ウブロ（Hublot）、ショーメ（Chaumet）を、パフューム＆コスメティクス部門ではゲラン（Guerlain）、パルファン・クリスチャン・ディオール（Parfums Christian Dior）、パルファム ジバンシィ（Parfums Givenchy）など。セレクティブ・リテーリング部門では、世界最古の百貨店、ル・ボン・マルシェ（Le Bon Marché）百貨店や、世界各地にあるデューティーフリーショッパーズ（Duty Free Shoppers：DFS）も、ここが持っているという巨大企業である。最近もティファニーを買収したり、高級ホテルや旅行会社、メディアなどを積極的に買収している。

次いで、リシュモングループ。ファッションブランドのダンヒル（Dunhill）やクロエ（Chloé）も持っているが、やはりカルティエ、ヴァン クリーフ＆アーペル（Van Cleef & Arpels）、ＩＷＣシャフハウゼン（IWC Schaffhausen）、ヴァシュロン・コンスタンタン（Vacheron Constantin）、ジャガー・ルクルト（Jaeger-LeCoultre）、Ａ・ランゲ＆ゾーネ（A.Lange & Söhne）など、宝飾＆時計に特色のあるグループである。筆記具のモンブラン（Montblanc）も最近は時計に注力している。

以前はピノー・プランタン・ルドゥート（Pinault-Printemps-Redoute：PPR）のラグジュアリー部門、あるいはグッチ・グループといっていたが、２０１３年６月にケリング・グループと名前を変えたグループは、グッチを中心に、イヴ・サンローラン（Yves Saint Laurent）、ブリオーニ（Brioni）、ボッテガ・ヴェネタ（Bottega Veneta）、アレキサンダー・マックイーン（Alexander McQueen）という、非常にファッションに強い持ち株会社である。

この他に、少数ながらグループ傘下に入らず、独立経営をしている企業もある。最も強いのはエルメスで、プラダ、バーバリー、サルバトーレ フェラガモ（Salvatore Ferragamo）などの上場企業、そして大メゾンで唯一の独立非上場企業のシャネルから成る。

エルメスは、ジョンロブ（John Lobb SAS：ロンドンのジョンロブ［John Lobb Ltd.］とは別のパリの会社）も持ってはいるが、グループというよりは、ほぼエルメス1ブランドのみである。これらに次ぐシャネルも、時計のベル&ロス（Bell & Ross）や刺繍などのアトリエも持ってはいるが、ほぼシャネル1ブランドである。一方、プラダも靴のチャーチ（Church's）などを買収してグループ化を進めている。時計ではスウォッチグループ（The Swatch Group）、化粧品ではロレアル（L'Oréal）やエスティ ローダー（Estée Lauder）などが大手グループである。必ずしも経営危機に陥ったブランドでなくても、合従連衡の潮流に呑み込まれ、この流れは少数の極に収斂されつつある。

一方、この大きな潮流に身を潜めて乗り切っているブランドもある。イタリアのブルガリはその代表的なブランドであったが、2011年、株式の等価交換という形で事実上買収されLVMH傘下となった。ブルガリですら独立経営を捨ててコングロマリット入りしたことは衝撃的であった。やはり独立系の代表格であった米国のティファニーも2019年にLVMHによる買収が発表され、2020年に撤回・訴訟合戦を経て買収価格の引き下げで決着した。

このことが端的に物語るように、他の中小メゾンは、どこかのグループの傘下となるか、巨大グループ相手に挑んで厳しい経営をするかの二択を迫られているといえよう。

なお、アルマーニ（Armani）やヴェルサーチェ（Versace）など知られた名前が出てこないのでおかしいと思うかもしれないが、これらはブランド起源がファッションで、ファッションブランド（またはハイファッションブランド）がラグジュアリー戦略を実行しており、持っている経営資源（人、もの、金、情報）が異なるし、結果として消費者に訴求する価値も異なる。例えば、消費者はファッションを「いかに新しくてユニークか」で選び、「歴史が長くて変わらない哲学がある」から選ぶのではない。歴史性やブランドDNAの普遍性が最新の洋服に表現されているかどうかは重要ではないが、ラグジュアリーでは最も重要になる。ラグジュアリーとファッションブランドを、戦略だけ比較をするのは、経営資源（人、もの、金、情報）の根本から見て比較すると本質が見えないため、本書では比較の対象にしていない（補章§A-1「ラグジュアリーの今昔未来」を参照）。

本書で中心になるリシュモンの主力領域は高級時計・宝飾品で、そこに視点を当てると、スウォッチグループがライバルになる。上記の表には入れていないが、スウォッチグループはスイス時計産業の伝統に根差しており時計の製造・販売にフォーカスした上場コングロマリットであり、傘下には高級から一般価格まで多岐に渡るブランドを抱えている。高級セグメントでは、オメガ（Omega）、ブレゲ（Breguet）、ブランパン（Blancpain）、ハリー・ウィンストン（Harry Winston）、ジャケ・ドロー（Jaquet Droz）、グラスヒュッテ・オリジナル（Glashütte Original）などをマネジメントしている。ラグジュアリー時計業界には、この他に独立系非上場企業のロレックス(Rolex)、パテック フィリップ(Patek Philippe)やオーデマ ピゲ(Audemars Piguet)などがある。

§2-3 日本企業が学ぶべきはＬＶＭＨよりもリシュモン

あまりブランドには詳しくない人でも、エルメスやルイ・ヴィトンは知っているだろうし、ブルガリやティファニーの買収、ＣＥＯの長者番付連続ランクインなど派手なニュースが多いことから、日本のビジネス誌でもここ数年の間にだいぶ取り上げられるようになったルイ・ヴィトンの親会社ＬＶＭＨなら知っているだろう。なぜエルメスやＬＶＭＨでなく、名前を聞いたこともないリシュモンを取り上げるのか。その理由を以下に示す。

1 知られざることこそが強み

歴史も個性も異なる多彩なブランドを次々と傘下に収め、その成長への道をひた走る同社であるが、その企業名と実態は、数々の輝く傘下ブランドのそれらと比較すると、不思議なほど知られていない。同じ世界的ブランド・コングロマリットであるLVMHと比較しても、その知名度の違いは明白である。

しかし、この「あまり知られていない」という事実こそ、リシュモンのブランド・コングロマリットとしての成功の鍵であると考えたらどうであろうか。ラグジュアリーブランドでは、企業名ではなく、個別のブランド名の認知や浸透を図ることが成功の要因であるとすれば、リシュモンはまさにそれを体現していると言ってよい。企業グループは黒子で表舞台に出る必要はない。あくまで、顧客との接点となるのは、傘下ブランド名なのである。この姿勢を徹底して貫き、表面上は目立つことはなくとも、リシュモンが自らの企業戦略に忠実に買収を進め、企業を成長させてきたのは事実である。

これまで、ラグジュアリーブランド企業といえば、ルイ・ヴィトンをはじめとする数多くのブランドを傘下に持ち、世界最大のブランド・コングロマリットとして不動の地位を築くLVMHが脚光を浴びることが多かった。詳細は『ブランド帝国の素顔 LVMHモエ ヘネシー・ルイ ヴィトン』や『ルイ・ヴィトンの法則』にて述べているが、ベルナール・アルノー(Bernard Arnault)によるLVMHグループ買収や、1999年から繰り広げられたPPR(現ケリング)との壮絶なグッチ争奪戦は、マスコミを賑わし、その企業名が大きく報道された。

一方で、リシュモンは、自らの独自性であるジュエリーや高級時計といった分野でのブランド買収を、自らのペースで着実に進めていった。買収したブランドは、どれも欧州での長い歴史を経て洗練され、発展してきた、文化遺産であるとさえ言えるものばかりである。これらのブランドが商品を巧みに市場に展開し、成長させていく過程は、徹底したブランドや商品管理、企業統治の手法をはじめとする企業戦略に裏付けされており、その実態は大変興味深い。

ブランドごとの戦略や経営を縦割りに見ても興味深いが、リシュモン傘下のブランド群として戦略をグルーピングし体系化すると、その特徴、特にブランドの再生やラグジュアリー化の戦略が際立ってくると思われる。

2 派手さはないが「地味な堅実経営」が強み

前述のように、LVMHは脚光を浴びることが多かった。最近も、2019年のティファニー買収発表と2020年の白紙撤回、それに続く双方の訴訟合戦と買収価格引き下げによる決着は大きく報道された。

リシュモンはどうしていたか。実は、ティファニーの売却についてはリシュモンにも提案が来ていた。しかし、ヨハン・ルパート(Johann Rupert)会長は「フリーキャッシュフローが『ヴァン クリーフ&アーペル』よりも少ない」ことなどから断ったという(出所3)。つまり、財務内容の良くないティファニーを買収しても、投ずることになる多額の資金に見合うような収益が得られずにリシュモン自体の財務内容まで悪化するのを避けたという意味である。これも、財務内容の良くないティファニーを買収して積極的にグループ拡大を図る「派手な積極経営」のＬＶＭＨに対して、「石橋を叩いて渡る」的な「地味な堅実経営」の表れであろう。

「地味な堅実経営」の一例として挙げられるのは、リシュモンの２０２０年３月通期の決算発表会だ。ヨハン・ルパート会長がおよそ18カ月ぶりに登壇し、新型コロナウイルスの影響にもかかわらず財務基盤が盤石であることを株主や投資家にアピールした。

同社の２０２０年３月通期は売上高が前期比１・７％増の１４２億ユーロ（約１兆６８９８億円）だったが、新型コロナウイルスが発生した20年１～３月で見ると前年同期比18％減となった。しかし、ルパート会長は、「まさかこのようなパンデミックが起きるとは予想していなかったが、いずれは景気が悪化することを見越して数年前から準備していたことが幸いし、当社の財務状況は健全だ。手元資金は24億ユーロ（約２８５６億円）もある」と述べた。

リシュモンは、高級時計市場の低迷で２０１０年代半ばに財務内容が悪化し、16年秋にリストラも発表したが、それが今になって奏功した形となった。

一方で、今後の見通しについては「１年以上、ともすれば３年程度はこの深刻な状態が続くのではないか。悲観的すぎるかもしれないが、こればかりは誰にもわからない」とした。「新型コロナウイルスのワクチンが開発されて、多くの人々がそれを受けられるようになるまで持ちこたえるべく、責任を持って慎重に事業を運営していく」ために、長期戦に備えて手元資金をできる限り留保する目的で、配当金の引き下げ、新株予約権などの発行、〝セーフティネット〞として総額20億ユーロ（約2340億円）のユーロ建て社債の発行などを検討するという。

これも、「石橋を叩いて渡る」的な「地味な堅実経営」の表れであろう。ラグジュアリーブランドとかラグジュアリービジネスというと、買収を中心とした「派手な積極経営」がすぐ思い浮かぶ人が多いであろうが、これとは対極的な「地味な堅実経営」というリシュモンおよびルパート会長の姿勢は、むしろ日本の老舗に近い。学びも具体的で身近に感じられるであろう。

なお、リシュモンの売上高と営業利益の推移を**図表2－4**に示す。

近年は売上は伸びているものの、営業利益が減少している。営業利益率も減少しているが、それでも10％以上ある。「堅実経

図表2-4　リシュモンの売上高と営業利益

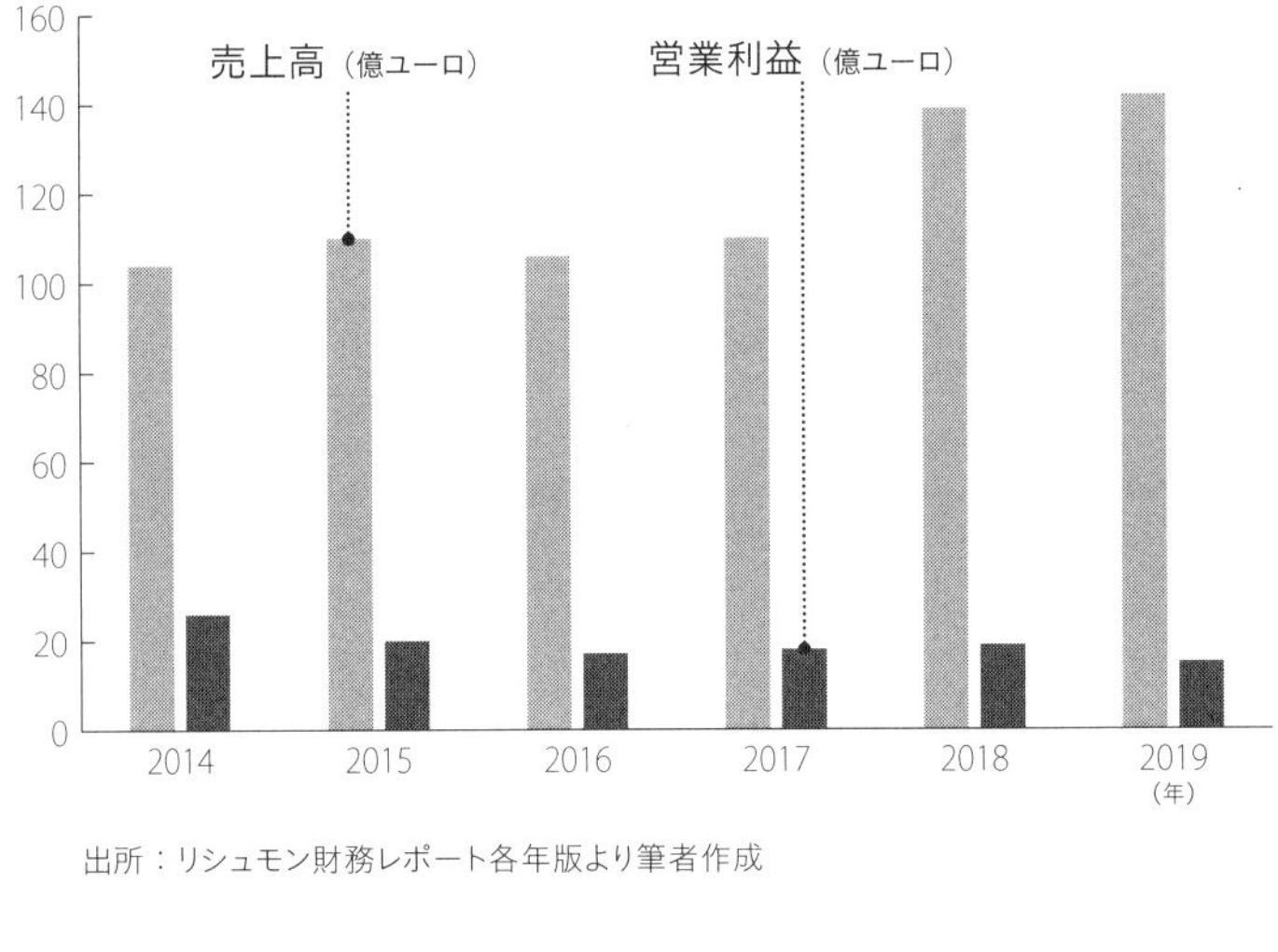

出所：リシュモン財務レポート各年版より筆者作成

営」を保ちながら、体質改善を図っている途上と見受けられる。

3　得意分野に注力して稼ぐ「得手に帆を揚げる経営」が強み

ラグジュアリーの中でも特にリシュモンのマネジメント戦略と、その傘下にある各ブランドがいかにして普遍的なブランド価値創造をしているのかに着目し、日本企業の参考になると主張している理由は「利益率が高く、価値を模倣しにくい分野で強い」、つまり得意分野に注力して稼ぐ「得手に帆を揚げる経営」だからである。

ラグジュアリーの中でもリシュモンは時計、宝飾分野が売上の大半を占めており、この割合は他と比べても圧倒的である。時計専業のスウォッチグループと比べても、高い営業利益率を弾き出している。リシュモンは、時計と宝飾分野の割合が高く、右肩上がりとはいかないものの、基本的に営業利益率は20％以上もある（**図表2－5**）。リシュモンは、LVMHやケリングと比べると圧倒的に時計と宝飾、それも高級セグメントが強い（「全事業における時計・宝飾売上割合」はリシュモン74・5％、LVMH8・2％、ケリング4％）。逆に、ファッションやレザーグッズはあまり得意としておらず、営業利益率は事業全体で見ると低くなっている。高級分野で稀少性を高めて高利益率を追う、ラグジュアリー戦略を主軸にした価値マネジメントを行うことで初めてリシュモンの力が輝きを増していることがわかる。

人間と同じで、元々得意で備わっている能力に磨きをかけるとトップクラスに行くことができるが、苦手分野を克服して幅広くカバーしても平均に届くか、少し上回るくらいがやっとで輝くことができないのと似ている。日本企業は、「中身の充実」、つまり規模拡大より利益率を追うほうが体格・体質に合っており、得意分野で高利益率を出すやり方は参考になる。これが日本企業に勧めたい理由の一つである。

ケリングは時計、宝飾分野で成功しているとは言えず、比較の対象にならないため、時計と宝飾を専業としているコングロマリットのスウォッチグループと営業利益率を比較し、その体質の強さを比較している。

スウォッチグループと比較しても、リシュモングループが時計・宝飾分野の経営戦

図表2-5　売上高営業利益率比較（時計・宝飾）

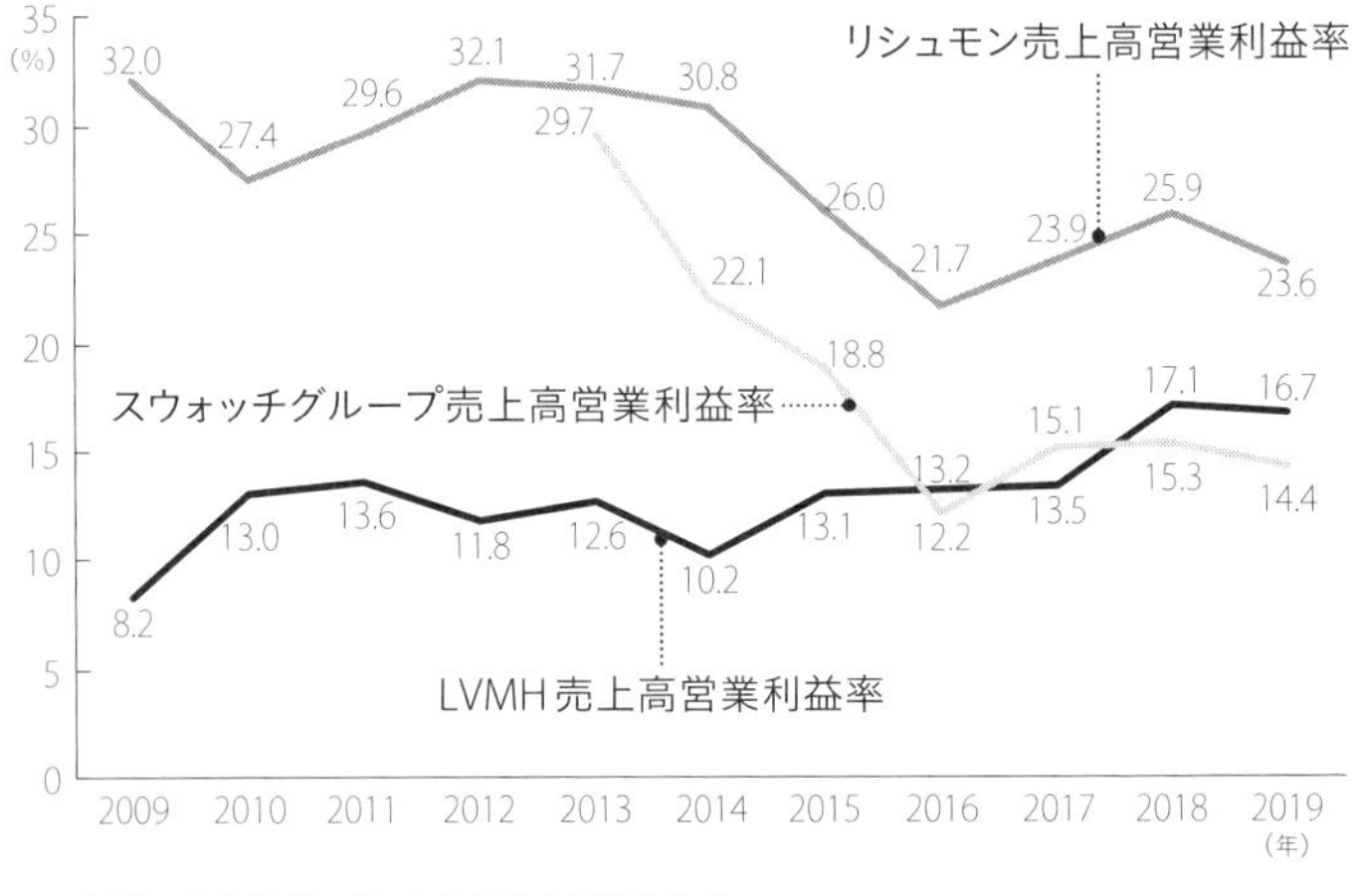

出所：各社財務レポート各年版より筆者作成

図表2-6　売上高比較（全事業）

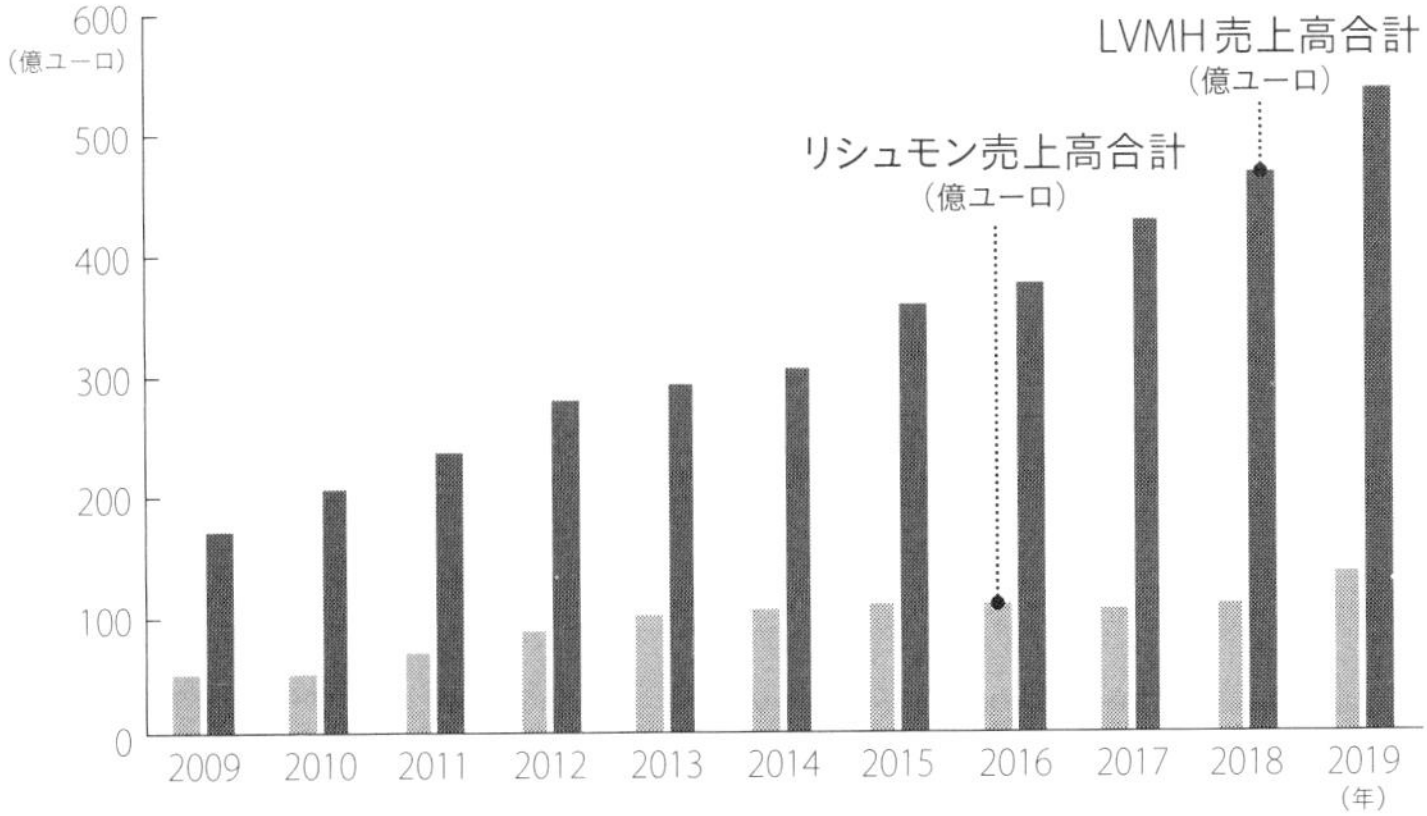

注：ケリングは2018年以前のデータがブランド別にしか公開されていないため割愛した。
出所：各社財務レポート各年版より筆者作成

図表2-7　売上高営業利益率比較（全事業）

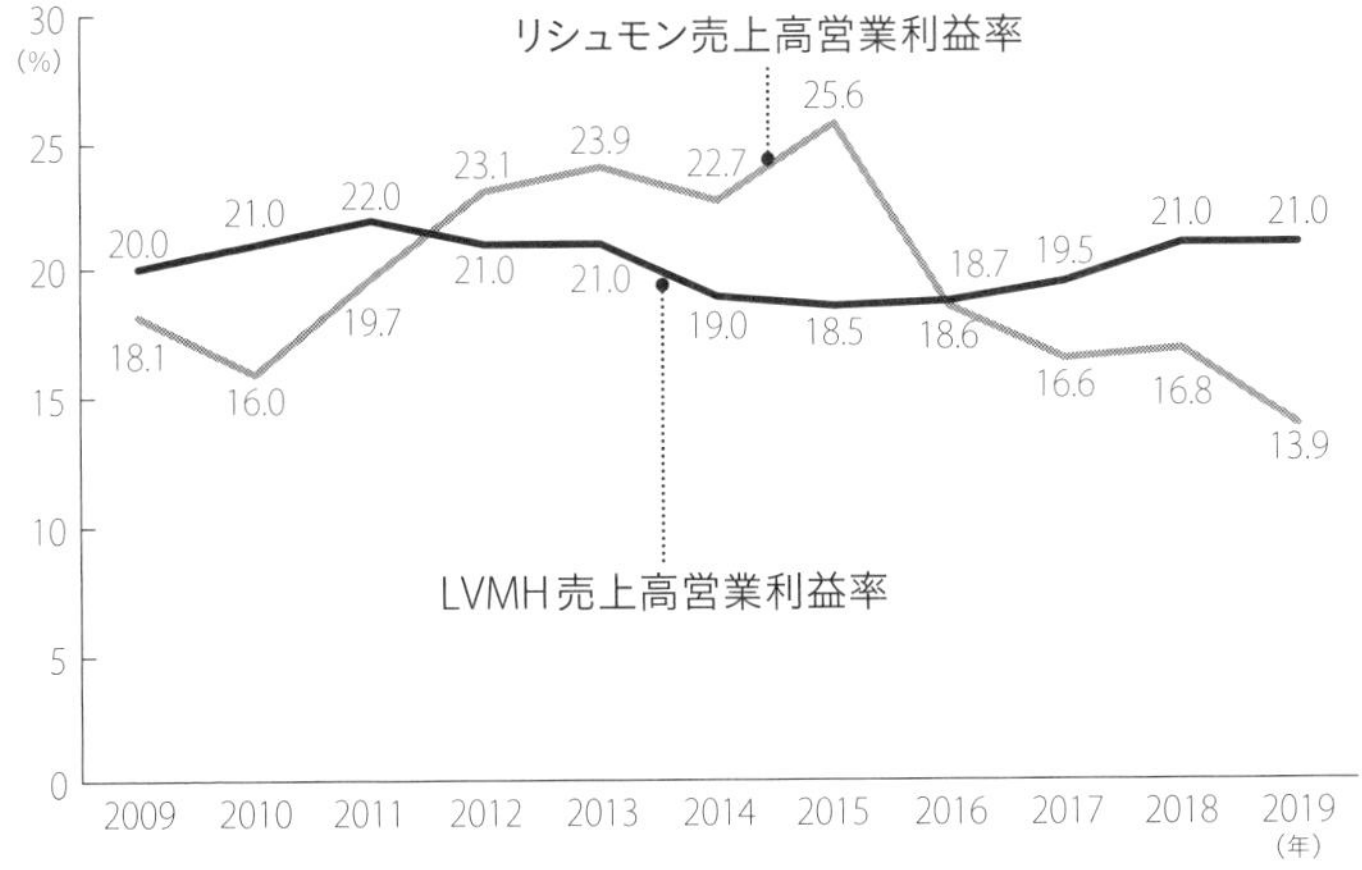

出所：各社財務レポート各年版より筆者作成

略においていかに優れているのか明確に見て取れる。

ところが、全事業を見てみると、**図表2－6**に示すように売上は伸びているものの、**図表2－7**に示すように営業利益率が下がり、さらに毎年安定していない。これは他の事業分野が足を引っ張っている影響であり、LVMHとはまったく異なる傾向である。しかし、これも見方を変えれば、あまり得意でないファッションや投資が嵩《かさ》むオンライン流通を時計・宝飾分野がカバーしている結果ともいえる。

このように、同じラグジュアリーのコングロマリットであっても、得意分野がそれぞれに異なり、専業にしているからと言って最強なわけでもなく、得意分野で頑張るのが健全で無理のないやり方であることが示唆されている。

§2-4　コングロマリットの利点・理由

いろいろなブランドをどうしていっぱい持つのだ、お酒とファッションはどう繋がるのだ、というのは素朴な疑問であろう。このようなコングロマリット化の大潮流はなぜ起こっているのか。その大きな理由として、（1）リスクヘッジ（ポートフォリオ・マネジメント）、（2）シナジー効果、（3）個別ブランドごとの財務内容の秘匿、の3つを挙げることができる。このことについても、それぞれ見ていこう。

1 リスクヘッジ（ポートフォリオ・マネジメント）

一つの事業に属する複数のブランドを傘下に持つ、あるいは異なる事業に属するブランドを傘下に持てば両賭け、つまりヘッジになる。ファッションはシーズンごとやコレクションの出来不出来や当たり外れが大きく、今シーズンはこのブランドが素敵だといってウエアを2着も3着も買ったりするし、その反対にソッポを向いて1着も買わなかったりする。リシュモン傘下のクロエでは、かつて『パディントン・バッグ（Paddington Bag）』を大ヒットさせたフィービー・フィロ（Phoebe Philo）はデザイナー在任約5年で売上を約5倍にした（出所4）。ファッションブランドが1ブランドだけだと当たり外れの波が大きいが、ブランドが複数あれば、今シーズンはこっちのブランドは不調だけれどそっちのブランドは好調ということで会社全体としてリスク防御できる。これが「（同一事業内の）ブランド間ポートフォリオ」であり、収益構造が特定のブランドに偏らないようにしている。

もちろん、新興国に市場を広げるだけでなく、欧米や日本のように成熟した国々を深耕して、収益が特定の地域に偏らないようにする「地域間ポートフォリオ」もリスクヘッジになる。

2　シナジー効果

ブランドビジネスという点では経営に共通する部分があるので、複数のブランドを傘下に持てば経営資源（人、もの、金、情報）を結び付けることによって生ずる相乗効果、つまりシナジー効果が見込める。具体的にシナジー効果としては、以下が挙げられる（長沢伸也「ラグジュアリーブランドの現状と日本ブランドの課題」『Fashion Talks...』第4巻：8－15、２０１６年）。

1　人的資源政策（特に経営幹部の異動・デザイナーの融通）
2　百貨店政策（特に掛け率やインショップの立地、抱き合わせ出店の交渉）
3　非営業部門・事務部門・修理部門の統合・効率化
4　ロジスティクスの統合・効率化
5　関税（特に革製品などの割当枠）・保険政策
6　財務政策・支援（特に目抜き通りへの旗艦店出店などの投資）
7　不動産政策（出店、特に旗艦店の賃貸・売買）
8　メディア政策（特にセントラル・バイイングによるファッション雑誌広告頁の大幅割引とコントロール）
9　原材料調達政策（特にセントラル・バイイングによる大幅割引とコントロール）
10　個別ブランドの防御

3 個別ブランドごとの財務内容の秘匿

ラグジュアリー製品が一般に高価格（もっとも彼らは「適正価格」だと言うが）で、ラグジュアリー企業の利益率が高いのは「夢」や「憧れ」を売っているからである。したがって、ラグジュアリーブランドごとの個別の財務内容、特に利益率という現実の数字が明らかになることによって「夢」や「憧れ」が醒めて壊れる可能性がある。このブランドの高い鞄を買うと、支払った代金の20％がブランドの利益になる、と言っているようなものだからである。これは消費者にとって、みすみす儲けさせるのは馬鹿馬鹿しい、もっと安くてもよいではないかという気分になり、買い控えに繋がりかねない。

したがって、LVMHやリシュモンは上場会社であるのでグループ全体の売上高は財務レポートに載っているが、傘下のルイ・ヴィトンやカルティエといったブランド個別の売上高や利益、あるいはグループ全体に占めるブランドごとの売上や利益の構成比率は載っていない。ブランド個別の売上高や利益というのは、「夢」や「憧れ」には相応しくない、ということなのであろう。このように数字を隠すことができるのが持株会社のメリットの一つである。もちろん、シャネルに代表されるプライベートカンパニーは売上や利益を公表する義務はない。したがって、ブランドの売上や利益を公表しないためには、プライベートカンパニーであり続けるか、またはコングロマリットの傘下になるかのどちらかである。

なお、個別ブランドの売上や利益を公開しているコングロマリットがある。ケリングだ。ケリングは情報公開が進んでいると評価すべきなのか、「夢」や「憧れ」を壊すかもしれないことに無頓着なのか、投資家向けの財務レポートをブランドの顧客が見ることはないと高をくくっているのかは議論があろう。筆者は、ケリングが移ろいやすいファッションを中心にしたグループなので、デメリットよりメリットが多いと判断しているのではないかと推測している。

§2-5 リシュモンとは

ＬＶＭＨに次いでラグジュアリー業界では2位の、高級宝飾品、時計、ファッションブランドを傘下に保有しているスイスの企業グループである。

正式名称はコンパニー フィナンシエール リシュモン（Compagnie Financière Richemont SA）で、スイス、ジュネーヴ郊外のベルヴュー（Bellevue）に本拠地を置く（**図表２－８**）。スイスと南アフリカで株式公開している上場企業である。２０１９年度の売上は１４２億ユーロ（約１兆６８９８億円）であった。

現在、カルティエを筆頭に、ヴァン クリーフ＆アーペルといった宝飾ブランド、時計のピアジェ（Piaget）、オフィチーネ パネライ(Officine Panerai)、IWCシャフハウゼン、ジャガー・ルクルト、筆記具のモンブラン、ファッションのダンヒル、クロエなど、異なる個性をもつ多彩なブランドがリシュモンの傘下にある。

1 リシュモンの歴史

リシュモングループは、ルイ・ヴィトン家やグッチ家と違い、ブランド創業家から始まったグループではない。ラグジュアリー市場にリシュモンという名前が登場するのは、1988年になってからである。この年、南アフリカのレンブラント・グループ（レングロ）(Rembrandt Group Limited of South Africa [Remgro Limited]) からスピンオフする形

図表2-8 コンパニー フィナンシエール リシュモン本社（スイス、ジュネーヴ郊外ベルヴュー）

出所：Richemont HP https://www.richemont.com/en/home/media/media-library/ より許可を得て転載

で、リシュモングループが生まれた。そのレングロ・グループの始まりは、南アフリカの小さなタバコ工場なのである。

第2次世界大戦中、現在の会長であるヨハン・ルパートの父アントン・ルパート（Anton Rupert）が、友人とともに、小さなタバコ工場を買収した。アントンは戦後、規模を拡大し、英国のタバコ会社ロスマンズ（Rothmans）からライセンスを受け、そのビジネスも、タバコ、金融サービス、ワイン&スピリッツ、金やダイヤモンドの鉱業事業にまで拡大する。その中で、ラグジュアリービジネスへの投資を行っていたロスマンズにも投資を行うのである。レンブラント・グループは、カルティエの少数株式を買収し、また投資したロスマンズ・インターナショナル（Rothmans International）もカルティエとモンブランやクロエを保有していたダンヒルへ投資を行っていた。このカルティエの買収は、現在のリシュモングループにとっては、コーナーストーン（定礎）であった。現在でも、売上の30%以上を生み出していると言われる名門のラグジュアリーブランドは、リシュモングループの傘下に入ったのである。

2　創業からラグジュアリー事業完全移行まで

以下は、創業から30年間の主要な出来事をまとめたものである（**図表2-9**）。詳細は割愛するが、リシュモンは創業時から完全にラグジュアリー事業だけで経営していたわけではなく、段階を踏んで徐々にラグジュアリー事業に絞り込んで行った。

3 知られざる創業会長
——あだ名は「熊」、町工場の親方のような人物

では、このような企業グループ、リシュモンを作ったのはどんな人物なのだろうか。あだ名は「熊」で職人技術やヒューマンテクノロジーが大事だと熱弁を振るう、まるで日本に昔からよくいた「熱い町工場の親方」のような人物だ。

リシュモングループは、ヨハン・ルパートが1988年に創業したラグジュアリーグループで、たかだか30数年前のことである。傘下に入っているブランドの歴史は長いが、グループの歴史は浅い。つまり、統

図表2-9 リシュモンの歴史

年	出来事
1988	創業期：リシュモン創業
1989–97	拡大期：ブランド買収活発化
1998	ヴァンドーム・ラグジュアリーグループからリシュモンに移行
1998–99	事業再構築期：事業整理、ヴァン クリーフ＆アーペルの買収
2000–01	ラグジュアリー事業への集中期：LMH傘下の3大時計ブランド（ジャガー・ルクルト、IWC、A.ランゲ＆ゾーネ）買収による業界ポジション強化、リシュモンの地域プラットフォーム構築
2001–08	統合と成長加速期：特にスイス時計事業における拡大と強化
2008–10	事業再編成と危機からの回復
2012–13	新潮流期：ネッタ ポルテ（Net-A-Porter.com）買収、ユークス（Yoox）と合併したユークス ネッタポルテ（Yoox Net-A-Porter）買収、新たな市場における成長

出所："Richemont Annual Report and Accounts 2013 5 Richemont's 25th anniversary"より筆者作成

合的にグループ傘下での戦略的マネジメントが始まってまだ100年どころか50年にも満たない。日本の財閥のほうがよっぽど歴史という意味では長い。

一般的にラグジュアリーブランドのオーナーやブランドグループのオーナーはあまり表舞台に出てこないし、消費者もオーナーが誰だろうがあまり興味はないこともあり、その実態は知られていない。例えば、シャネルのオーナーはスイスの富豪ヴェルタイマー（Wertheimer）兄弟であるが、非上場企業であることも手伝って、ごく限られた情報しか知られていない。LVMHのオーナー、ベルナール・アルノーはインタビューを元にした書籍も出ているし、上場企業であるため、然るべき時にはコメントも出すし、インタビューにも答えるが、積極的に表に出てくることはない。それでも、GAFAのCEOやビル・ゲイツ（Bill Gates）らと長者番付ランキングのトップを争っていることもあり、日本でも比較的名前が知られている。

本書のメインになるリシュモングループがカルティエの親会社であることはもちろん、そのオーナーが誰でどのような人物なのかを知る人など、日本ではごく限られているだろうし、積極的に興味を持つ人はほとんどいないだろう。しかし、企業の経営はその創業者やトップの生い立ちや人格、信条に大きな影響を受けることから、まずは創業会長の姿から見ていくことにする。なぜラグジュアリーの企業グループを作ったのか、どのような想いで経営しているのか、その背景にあるものが浮き彫りとなるだろう。

創業者で会長（正確には取締役会会長）のヨハン・ルパート（**図表2－10**）は1950年南アフリ

カで生まれた。富裕層であったベルナール・アルノーの生家とは異なり、父親は元々富裕層ではない。

お金がなくて医師になることを諦めた父のアントン・ルパートが新車を初めて買えるようになったのは、ヨハンが18歳の時であったという。ドライクリーニング店を経営していた父親は1929年の世界恐慌で破産した。そこから受けた経済的打撃について、ヨハンは朝な夕なに聞かされて育った。父親はその後「過去に経済不況の時でもだめにならなかった産業」を調べて、タバコ産業に目をつけて成功した。もしタバコの売上が落ち込んでも、在庫を売って現金化すればいいという考えのもと、タバコ産業で財を成したが、喫煙による健康被害が問題化したことから、息子にはタバコで

図表2-10　ヨハン・ルパート リシュモン会長

出所：Richemont HP https://www.richemont.com/en/home/media/media-library/ より許可を得て転載

はなく他の産業を見出すように教えていた。

このような背景でルパートはラグジュアリーに目をつけることとなった。ラグジュアリー製品であれば、適切なマネジメントとキュレーションをすれば、顧客から高いブランドロイヤルティを獲得することができる（価格ではなく価値で競争優位性を確立できる）と考えた。

この考えのヒントはタバコから来ている。「マルボロ愛好者だったら、カウボーイらしく、自立した人のイメージを演出するだろう」という考えのもと、ラグジュアリーにも同じ要素、つまり、イメージに合う製品の消費が発生することを見出したのである（出所5）。

フランスの社会主義化に嫌気がさして米国に渡った際、タクシーの運転手から「フランスについて他のことは知らないが、（クリスチャン）ディオールなら知っている」と言われてラグジュアリーブランドビジネスの持つ可能性に開眼したベルナール・アルノーとは動機がまったく異なる点に注目したい。

しかし、父親はラグジュアリービジネスをすることに反対した。今でこそ一大産業として世に認められているが、当時、ラグジュアリーはまともな産業とはみなされていなかった。

それだけではない。フィアットの元名誉会長で有名な実業家のジャンニ・アニエッリ（Gianni Agnelli）をメンターにしているアンドレ・メイヤー（André Mayer）からラグジュアリーなどまともなビジネスではないと諭されたことを引き合いに出してまで、ジャンニからカルティエの買収を反対されたことを振り返っている。その後もしばらく会うたびに、「カルティエの方はうまくいっているか？」と心配されたとインタビューで語っている。

今では考えられないが、カルティエは当時、王侯貴族御用達ではあったものの、企業、あるいはブランドとしての体裁は整っていなかった。ラグジュアリーが産業として成立しつつあった初期の頃、時計分野の競争は今ほど加熱しておらず、90年代に入ってLVMHと、ケリング（当時PPR）間の競争が始まったばかりという状態であったことも考えると、父親や周りの大人たちが心配するのも理解できなくはない。

大学で経済学と商法を専攻していたものの、ビジネスに目覚めたため中退しているが、母国南アフリカのネルソンマンデラ大学で後に名誉博士号を授与されている。ビジネスに対する嗅覚も優れているばかりか、経済に対する造詣も深く、世界経済の危機をたびたび予測している。経済誌で「熊のルパート（Rupert the Bear）」のあだ名をつけられ、数少ないインタビューや講演会でたびたび司会者などからそのことを話題にされている。おそらく、人を襲ったりする凶暴な熊というよりは、のっそりして悠々と構える熊というイメージで、「くまモン」的な親しみのあるイメージと思われる。

COLUMN

ルパート会長が予測する新型コロナウイルスの影響

リシュモンの2020年3月通期の決算発表会で、ヨハン・ルパート会長は、新型コロナウイルスの影響がもたらす消費動向の変化や今後の展望などについても語った。これによると、新型コロナの影響は大きく、事態の収束後には消費動向や社会通念、考え方や生活様式などが劇的に変化すると予想している。

①「丈夫で長持ちする商品」「環境対応商品」へのシフトの加速

この中でまず、「使い捨ての商品」や「意味のない贅沢品」から、「丈夫で長持ちする商品」「環境対応商品」にシフトが加速するという見通しを述べた。

同会長は、「私はこの前例のない未曽有の事態を、〝一時停止〟ではなく〝リセット〟の時だと考えている。リシュモンでは使い捨ての商品や、意味のない贅沢品は取り扱っていない。私はワンシーズンしか着られないようなものを買おうとは思わないし、私の母や妻も同様だ。我々はこれまで天然資源を野放図に消費し、気候変動などというものはないかのように振る舞い、プラスチックを大量に廃棄してきた。しかしこれを機に、様々なことを考え直すべきだ。そういう意味では、このような危機が再考のきっかけになっている」と述べた。

②「ディスクリート（慎み深い）ラグジュアリー」への転換

ルパート会長はまた、「見せびらかし（顕示的）ラグジュアリー」から、「ディスクリート（慎み深い）ラグジュアリー」への転換が進むという見通しも示した。

「外出制限中は食器類など家で過ごす時間をより楽しくするためのものがよく売れた。今後もその傾向は続くと思う。これみよがしに富をひけらかすような行為は品がないと眉をひそめられるようになる一方で、職人技が光る、高品質だが控えめな住まいの商品の需要が高まるのではないか」「社会の分断が進んだ結果、富をひけらかすことは今後さらにひんしゅくを買うと思う」と語った。

③永続的な価値、デザイン性の高さやクラフツマンシップの見直し

さらに、ラグジュアリー業界については、当面は海外旅行が難しく観光客の増加が見込めないことから、短期および中期的にはパンデミックによる一定の影響があるものの、長期的に見てジュエリーなどのハードラグジュアリーの強さは盤石だとルパート会長は見ている。

同会長は、「当社の傘下ブランド『カルティエ』や『ヴァン クリーフ&アーペル』は顧客から長く愛されており、その商品には永続的な価値がある。もちろん宝石や金が使われているということもあるが、むしろデザイン性の高さやクラフツマンシップが評価され、高価でも納得してもらえるのだと思う」と分析した。

さらに、「リシュモンのような大手ラグジュアリー企業には、職人の雇用を守る役割があるが、雇用創出や職人技を継承していく重要性は消費者からもいっそう理解されるようになった」と語った（出所6）。

これを裏付けるように、日本で緊急事態宣言が解除された後の2020年6～7月で、新宿伊勢丹本店本館の宝飾部門での前年同期比伸長率1位のブランドはカルティエ（30%増）だった。「休業中のブライダル需要の反動が見られた。高価格帯のウォッチ（特に紳士）の動きも良い」とのコメントであった（出所7）。

4　リシュモンの買収戦略

1988年に事実上リシュモングループが設立されてから、約20年の間にグループは15のラグジュアリーブランドを傘下に収めたことになる。他のラグジュアリーグループと同様に、1990年代に入ってから、積極的にブランドの買収を進めたことが年表から窺える（**図表2-11**）。年表からわかるように、リシュモングループの中核を占めるカルティエは、1988年に事実上の傘下入り（買収は1993年）、そして、専門時計メーカー（Speciality WatchMaker）部門は、2000年に3時計ブランドを買収したことで強化されたといえる。この分野は、現在でもリシュモングループの収益上重要な役割を果たしており、1988年のカルテ

図表2-11　リシュモンによる主要ブランドの買収

年	事柄
1988	カルティエへの少数株式投資 ロスマンズ・インターナショナル（Rothmans International）が、モンブラン、クロエを持つダンヒルへ投資。ピアジェを買収（リシュモングループの前身であるヴァンドーム・ラグジュアリーグループ）。ボーム＆メルシエ（Baume & Mercier）を買収（同じくヴァンドーム・ラグジュアリーグループ）
1993	カルティエを買収
1996	ヴァシュロン・コンスタンタンを買収
1997	オフィチーネ パネライとランセル（Lancel）を買収（2018年、ランセル売却）
1998	ヴァンドーム・ラグジュアリーグループ（Vendôme Luxury Group）の少数株式を買収し、ラグジュアリー事業利益（luxury goods interests）を100％保有。シャンハイ・タン（Shanghai Tang）を買収（2017年、売却）
1999	ヴァン クリーフ＆アーペルの60％株式を買収
2000	ジャガー・ルクルト、アイ・ダブリュー・シー（IWC）、A.ランゲ＆ゾーネを買収。モンテグラッパ（Montegrappa）を買収（2009年、売却）
2001	ヴァン クリーフ＆アーペル株をさらに20％買い増し
2003	ヴァン クリーフ＆アーペル株をさらに20％買い増しし、リシュモンのグループ下に置く。A.ランゲ＆ゾーネの残り10％を買収
2008	ロジェ・デュブイ（Roger Dubuis）を買収
2012	ネッタ ポルテ（Net-A-Porter.com）を買収
2018	ネッタ ポルテ（Net-A-Porter.com）がユークス（Yoox）と2015年に合併したユークス ネッタポルテ（Yoox Net-A-Porter）を買収。ウォッチファインダー（Watchfinder & Co.）を買収
2019	ブチェラッティ（Buccellati）を買収

出所：リシュモン財務レポート各年版より筆者作成

イエ買収と並んでコーナーストーン（定礎）と言えるだろう。

出所1　https://www2.deloitte.com/global/en/pages/consumer-business/articles/gx-cb-global-powers-of-luxury-goods.html

出所2　インターブランド社「ベスト・グローバル・ブランド２０１１」

出所3　『ＷＷＤ』２０２０年９月21日号14面

出所4　ゴールドプラザＨＰ（https://goldplaza.jp/column/celine-chloe-designer）

出所5　Nick Foulkes "Johann Rupert: the man on a mission to save Europe's artisanal skills," Financial Times August 31 2018（https://howtospendit.ft.com/mens-style/204121-johann-rupert-s-mission-to-save-craft-skills）

出所6　『ＷＷＤ』２０２０年６月８日号５面

出所7　『ＷＷＤ』２０２０年９月21日号14面

Chapter 3

リシュモン傘下のブランド

本章ではリシュモン傘下のブランドを紹介する。各ブランドの設立や経営権の変遷、リシュモン傘下入りの経緯を中心としている。第4章〜第7章の歴史、土地、人物、技術の事例で触れているブランドについては、該当箇所を参照されたい。これに対して、第4章〜第7章で事例として触れないブランドや特にプロダクトについては、思い切って短く省略している。各ブランドのホームページや時計雑誌などで補ってほしい。

本章は読み飛ばして、第4章〜第7章の各ブランドの事例を理解する際にグロッサリー（用語解説）のように適宜参照するのもよいだろう。

§3-1　宝飾ブランド群

1　カルティエ（フランス）――1800年代から続く宝飾ブランド

1980年代後半まで日本では「カルチェ」と表示や発音されていたが、それ以降は「カルティエ」に統一されている。

カルティエ（Cartier）は、170年以上続く、ジュエリー・ブランドである。その歴史は、1800年代半ばまで遡る。

カルティエは、1847年にルイ＝フランソワ・カルティエ（Louis-François Cartier, 1819-1904）が、その師匠アドルフ・ピカール（Adolphe Picard）からパリのモントルグイユ通り（Rue Montorgueil）29番地のジュエリーアトリエを引き継いだことから始まる。1853年、彼は、パレ・ロワイヤル（Palais-Royal）の隣のヌーヴ・ド・プティ・シャン通り（Rue Neuve de Petits-Champs）5番地に自分の店を構える。1852年12月にナポレオン3世（Napoleon Ⅲ）が即位し、第二帝政時代が始まった時代で、パリの著しい経済成長を背景に人々は豊かな暮らしを謳歌していた。この時代、ナポレオン1世の姪で、皇帝ナポレオン3世のいとこにあたるマチルド（Mathilde）皇女やユージェニー（Eugénie）皇后などの王侯貴族が顧客になった。

1874年に、ルイ＝フランソワの息子、アルフレッド・カルティエ（Alfred Cartier, 1841-1925）が家業を継ぐこととなる。しかしながら、第二帝政が終わりを告げ、第三共和制となったことで、贅沢を謳歌した人々の暮らしは終わりを告げた。これに伴い、カルティエも影響を受けることとなるが、高い品質にこだわり続けたこと、そして1888年に最初の腕時計タイプの女性用ジュエリーウォッチを開発したことなどで、富裕な中産階級を中心に顧客を拡大していく。

1899年、アルフレッドの長男ルイ（Louis, 1875-1942）が経営に加わるとともに、パリのラ・ペ通り（Rue de la Paix）13番地に店を移す。この通りは、パリのエレガンスとラグジュアリーの中心であり、洋服店、靴店、ホテルなどが軒を連ね、富裕層が頻繁に訪れる場所であった。カルティエの移転後、他の宝飾店も追随してラ・ペ通りやこれに続くヴァンドーム広場（Place Vendôme）に続々と移転した。この地区の繁栄が、パリを国際的に有名な宝飾品の中心地に引き上げた。彼はさらに、カルティエをビジネスとして確立させるべく、息子アルフレッドに事業を渡し、1872年には共同経営者とする。そして、このアルフレッドの3人の息子たちの代になって、ロンドン、ニューヨーク、パリで活躍、世界進出を果たす。

アルフレッド・カルティエの3人の息子、ルイ・ジョセ（Louis Joseph, 1875-1942）、ピエール（Pierre, 1878-1964）、ジャック（Jacques, 1884-1942）の中で特に、長男のルイが現在のカルティエの基礎を作った。ルイは、ダイヤモンドとプラチナを組み合わせたガーランド（花綱）スタイルを発表するなど、芸術的才能に恵まれた類い稀なる宝石商であった。ガーランドスタイル自体は、ルイ16世時代のフランスを彷彿《ほうふつ》させる伝統的なデザインでありながら、当時の宝飾業界では異色の素材プラチナを取り入れる斬新さを両立させて宝飾業界にイノベーションを起こした。

やがて戦争や社会環境の変化で宝飾業界は変化を余儀なくされ、1962年にカルティエ・ニューヨークの権利が外部（カルティエ一族以外）の手に渡ったのを皮切りに、66年にはパリも売りに出され、74年にはロンドンも売却された。62年から74年にかけてファミリーの手を離れ、79年には、第三者の手にわたり、バラバラになった組織を再統合すべく、カルティエ・モンド（Cartier Monde）が設立された。そして93年にリシュモン傘下に入った。

本社はパリ14区ラスパイユ大通り（Boulevard Raspail）、本店は2区ラ・ペ通り（Rue de la Paix）、マニュファクチュールはスイスのラ・ショー＝ド＝フォン（La Chaux-de-Fonds）に所在する（**図表3－1**）。

なお、カルティエは、「グランサンク（Les Grand Cinq）」に含まれていない。「グランサンク」とは、パリのヴァンドーム広場とこれに続くラ・ペ通りに店舗を構えるメレリオ・ディ・メレー（Mellerio dits Meller）、ショーメ（Chaumet）、モーブッサン（Mauboussin）、ブシュロン（Boucheron）、ヴァン クリーフ&アーペル（Van Cleef & Arpels）の5大宝飾店（正確には「フランス高級宝飾店協会」）を指す。カルティエは、これに入っていない（正確には加入したこともあったが脱退した）くらいマイナーな宝飾店であったが、「王のジュエラー、ジュエラーの王」とまで呼ばれるほど、これらを凌

図表3-1　カルティエ本店とマニュファクチュール

カルティエ本店（パリ2区ラ・ペ通り）

マニュファクチュール（スイス、ラ・ショー＝ド＝フォン）

撮影：長沢伸也

駕するブランドになった。

2　ヴァン クリーフ&アーペル（フランス）

――卓越した技術力に基づく愛の物語の宝飾ブランド

ヴァン クリーフ&アーペル（Van Cleef & Arpels）は、1906年にパリで設立されたジュエリーブランドである。グランサンクの一つで、アムステルダム出身の宝石商の息子アルフレッド・ヴァン クリーフ（Alfred Van Cleef）と彼の妻であるエステル・アーペル（Estelle Arpels）の兄弟、シャルル・アーペル（Charles Arpels）とジュリアン・アーペル（Julien Arpels）によってパリのヴァンドーム広場で創業された。ブランド哲学は、エステル・アーペルと、アルフレッド・ヴァン クリーフ二人が共有していたという「革新を恐れぬ情熱、家族愛、そして宝石への愛というくつもの価値観」を中核にしており、抽象性が高い。

アルフレッド・ヴァン クリーフは経営と創作を担当し、シャルル・アーペルは高級感のあるサロンを作り上げ、ジュリアン・アーペルは確かな鑑識眼を生かして宝石の選別に手腕を発揮し、1926年にアーティスティック・ディレクターに就任したアルフレッドとエステルの娘ルネ・ピュイサン（Renée Puissant）は誰の目にもひと目でヴァン クリーフ&アーペルとわかる、メゾン独自のスタイルを確立させるなど、家族の絆のもと各々の才能を生かして活躍した。

卓越した技術に立脚した花や蝶をモチーフにしたフェミニンで独自性が高いデザインに加えて、創業場所も有利に働いた。当時のヴァンドーム広場は、1898年のホテル・リッツの開業により王族、貴族、舞台や映画スター等裕福な外国人が集まる場所であったため、ここに本店を構えたヴァン クリーフ&アーペルの評判は瞬く間に世界中の富裕層に広まった（**図表3－2**）。

海外進出にも積極的で、1939年にはニューヨークのロックフェラーセンターにブティックをオープンし、欧州のジュエリーブランドとして初めて米国進出を果たした。

また、技術面でも独自性を発揮しており、ミステリーセッティングと呼ばれる石を留める爪を石の下に隠すことによって石の美しさを際立たせる技術をはじめ、様々なセ

図表3-2　ヴァン クリーフ&アーペル本店（パリ2区ヴァンドーム広場）

撮影：長沢伸也

ッティングの技を確立し、特許登録により権利を保護している。これらの技術力と、花や蝶などのデザインを実現した作品や、使用目的によって形を変える多機能ジュエリー、ファスナーのように開け閉めできるジップ型ネックレス、ヴァニティケース等、斬新なアイデアと技術で実現した作品によって、世界中の王侯貴族やセレブから愛好されてきただけでなく、多くのジュエリーブランドに影響を与えた。

主に一点もののハイジュエリーを製作してきたヴァン クリーフ&アーペルであったが、1954年には高級宝飾店として初めて「ブティック」をオープンし、価格を抑えたジュエリー・ラインにより顧客層を広げることに成功した。72年には時計専門ブティック「ブティック デ ズール（Boutique des Heures）」をオープンし、日本においては大手百貨店とフランチャイズ契約を結ぶなどして、世界中にその名を知られることになった。また、74年には、4つ葉のクローバーをモチーフにしたアルハンブラ シリーズが世界的なヒット商品になり、同ブランドの代表作として現在まで様々な色やプロダクト展開をしている。

99年に、経営基盤強化と更なる飛躍を目的に、一族はファミリー以外の資本を入れる決定をした。2006年にリシュモングループ完全傘下入りを果たし、現在に至る。

3 ブチェラッティ(イタリア)——職人の繊細で複雑な技が生み出す宝飾ブランド

ブチェラッティ(Buccellati)は、マリオ・ブチェラッティ(Mario Buccellati)が1919年にミラノにジュエリーブティックを構えたのが始まりである。元々銀細工と宝石の職人であったマリオが作り出す宝石、銀細工、時計などの作品はイタリアのルネッサンス美術とヴェネツィア様式の華やかさを併せ持っているのが特徴で、卓越した職人の技と彫刻の技巧で生み出される。

ブチェラッティを特徴付ける主な技術には、レースワーク、エングレービング(engraving:彫金)、金線細工(twist thread)などがある。すべて職人の手作業で丁寧に彫り込んで作られるレースワークは、ヴェネツィア(イタリア)、ブルージュ(Brugge、ベルギー)、ヴァランシエンヌ(Valenciennes、フランス)の繊細で上品なレースをジュエリーに模しており、芸術品にもたとえられる。エングレービングはルネッサンス期に繁栄した芸術で、ブチェラッティの職人が伝統的な技術で彫刻の質感を用いてジュエリーに表現している。ゴールドやシルバーを使ったジュエリーは、独自の質感で一目見ればブチェラッティのものであるとわかる。金線細工はマリオの孫アンドレア・ブチェラッティ(Andrea Buccellati)が創出したもので、金線を編み物のように編み込んで作られており、表面は職人が手彫りで艶消し線を織り込んで作る。これによって強度と美しさを保つ事が可能になった。マリオが創出した技巧を凝らしたジュエリーは、イタリア、スペイン、エジプトの王侯貴族を虜にし、詩人で大公でもあったガブリエーレ・ダンヌンツィオ（Gabriele d'Annunzio）をして「金細工のプリンス」と言わしめた。

それまで家族経営だったブチェラッティは、２０１３年にミラノを拠点にする投資会社のクレッシドラ（Clessidra SGR）に70％の株をおよそ99億円で売却した。

17年からは中国のガンタイ・グループ（Gangtai Group：剛泰控股［集団］股份有限公司）が２５０億円（2億ユーロ）を投じて同社の85％の株を保有（残り15％は一族とイタリアのクレッシドラが保有）するようになった。

19年、リシュモングループ傘下に入った。

§3-2　時計ブランド群

リシュモン傘下の専門時計メーカー（Specialist Watchmakers）ブランドについて簡単に紹介する。ＩＷＣシャフハウゼンだけは所有者と社名の変遷が複雑なので、やや詳しく述べる。なお、本節で紹介する6時計ブランド以外に、ボーム＆メルシエ（Baume & Mercier）とロジェ・デュブイ（Roger Dubuis）があるが、第4章～第7章の事例で取り上げていないので省略する。

1　ピアジェ（スイス）――熟練の職人技術が生み出す時計・宝飾ブランド

ピアジェ（Piaget）は、リシュモンの分類では時計ブランドであるが、ジュエリーウォッチのみならず宝飾品も強い。スイスを代表する高級時計メーカーで、自社一貫生産を意味する「マニュファクチュール」として広く知られ、40以上の分野に及ぶ熟練の職人技を擁し、ムーブメントの製造からケースの仕上げまでをすべて自社にて行う。

ピアジェは、1874年にスイスの山間《やまあい》の小さな集落ラ・コート・オ・フェ（La Côte-aux-Fées）に、時計工房として設立された。創業者のジョルジュ＝エドワール・ピアジェ（Georges-Edouard Piaget）は農家の一室を工房として時計ムーブメントの製作に打ち込み、その質の高さから著名な時計ブランドから注文が寄せられるようになった。「常に必要以上に良いものを創る」がピアジェのものづくりの信条で、現在も受け継がれている。転機となったのは1943年。3代目のジュラール・ピアジェ（Gérard Piaget）は、これまでムーブメント製作会社として歩んで来たピアジェであるが、この年に、自らのブランド名で時計の製造を行うことを決断する。この決断が功を奏し、ピアジェには顧客からの注文が殺到し、45年にはラ・コート・オ・フェに新しい工場が設立され、エクストラフラット・ムーブメント等の画期的な製品の開発が行われることになる。

ピアジェは卓越した時計技術を生かし、様々な世界記録を打ち立てた。57年に手巻きのエクストラフラット・ムーブメント、キャリバー9Pを発表し、60年には、厚さがわずか2・3㎜の自動巻きムーブメントで、当時世界で最も薄いキャリバー12Pを開発した。なお、キャリバー（Calibre）とはムーブメントの型式であり、続く英数字はキャリバー固有の型式番号を示す。また、76年に当時最小のクオーツ・ムーブメント、キャリバー7Pを発表。薄型ムーブメントは、組み立ての際に余分な力が少しでも加わると100分の数ミリ単位で部品が歪んでしまうため、熟練の職人技が必要不可欠である。薄さと耐久性という、相反する概念を両立させる技術で評判を獲得していった。薄型ムーブメントの製造技術確立により、時計のデザインの可能性を大幅に広げたピアジェは、精密な機構とデザイン性を兼ね備えたジュエリーウォッチを数多く世に誕生させた。金貨にムーブメントを収めたコインウォッチ、文字盤にラピスラズリやターコイズ、オニキス、タイガーアイといった半貴石をあしらった時計、指輪やブローチ、カフリンクスに組み込んだ時計等は、ピアジェの時計ブランドとしてのアイデンティティを確立した。ジャクリーン・ケネディ（Jacqueline Kennedy）やアンディ・ウォーホル（Andy Warhol）等の著名人に愛用されたことでも知られている。ピアジェの華奢でありながら革新的なデザインと高度な技術は、薄型ムーブメントを自社製造するマニュファクチュールであるのと同時に宝飾細工も得意とするという2本の柱から成るブランドアイデンティティになった。

その後も、1997年に手巻き430Pと自動巻き500Pの2つのムーブメントを発表することで再びマニュファクチュールとしての力を発揮し始め、2008年までにはクロノグラフ（ストップウォッチ機能を備えた時計）、永久カレンダーを含む17種類の新しいムーブメントを生み出した。1988年にリシュモングループ傘下に入ったことでそれまで不足していた最新のマーケティング戦略、広報や流通のシステム、常に最高の生産体制を構築し続けるための財源などを獲得し、『ポセション（Possession）』『タナグラ（Tanggra）』『ライムライト（Limelight）』『ミスプロトコール（Miss Protocole）』など新たなコレクションを次々に発表した。1945年に作られたラ・コート・オ・フェの時計工房ではおよそ200名のスタッフを雇用する規模だったが、2001年には、近代的な外観と木を使ったナチュラルな内装で、同社の核である職人が細かい作業をストレスなく続けられる構造になっている工房〝マニュファクチュール・ド・オートオルロジュリー・ピアジェ〟をジュネーヴ郊外、プラン・レ・ワット（Plan-les-Ouates）に完成させた。

2 ヴァシュロン・コンスタンタン（スイス）――世界最古の歴史を誇る超高級時計ブランド

日本にも「バセロン・コンスタンチン」として古くから紹介されてきたが、現在ではフランス語読みのブランド名となっている。

ヴァシュロン・コンスタンタン（Vacheron Constantin）は、1755年にジャン＝マルク・ヴァシュロン（Jean-Marc Vacheron）がスイスのジュネーヴで創業した時計メーカーである。その歴史は大変古く、創業以来260年余りの伝統を持ち、時計ブランドとしてはブランパン（Blancpain）、ファーブル・ルーバ（Favre-Leuba）に次いで古く、継続的に時計を製造してきたメーカーとしては世界最古である。1819年、フランソワ・コンスタンタン（François Constantin）との提携によりヴァシュロン&コンスタンタン（のちに&が取れた）となる。オーデマ ピゲ（Audemars Piguet）、パテック フィリップ（Patek Philippe）と並び、世界3大時計ブランドの一つに数えられる。

1872年に権威ある有名なジュネーヴ天文台が行った初めての精度コンクールに参加し、初めての賞を受賞する。その後、19世紀から20世紀にかけて、ヴァシュロン・コンスタンタンの時計は、欧米各国の天文台精度コンクールや万国博覧会で数々の栄誉に輝き、精確さ、美しさの両面において、揺るぎない地位を確立した。

1880年、ヴァシュロン・コンスタンタンのシンボルマークとして「マルタ十字（Maltese Cross）」が誕生する。これはゼンマイの巻きすぎを防ぐために香箱に設けられたムーブメントを構成する部品の一つに由来する。パテントも取得した。ヴァシュロン・コンスタンタンの文字盤（dial）と竜頭《りゅうず》（crown）に配したトレードマークであるマルタ十字は、世界最高の品質と精度を保証する刻印とまで言われている。

創業から200年を迎えた1955年、ヴァシュロン・コンスタンタンは再び、並外れた高級時計の製作という、ブランドの原点を主張し、厚さ1・64㎜のムーブメントを搭載した世界で最も薄い時計（当時）『ヒストリーク・エクストラフラット1955（Historique Ultra-Fine

1955)』を実現した。また、この年のジュネーヴ会議において米、ソ、英、仏4首脳への平和のシンボルとしてジュネーヴ市民が贈ったものが、ヴァシュロン・コンスタンタンの時計であったことからも、スイス人がこの時計ブランドを誇りに感じていることがよくわかる。

2004年、ジュネーヴ郊外のプラン・レ・ワット（Plan-les-Ouates）、シュマン・デュ・トゥールビヨン（Chemin du Tourbillon：トゥールビヨン道路）に新しい本社マニュファクチュールを開設した（**図表3-3**）。本店はジュネーヴのロンジュマル広場（Place de Longemalle）にある。

ヴァシュロン・コンスタンタンの代表的モデルは『パトリモニー（Patrimony）』である（**図表3-4**）。『パトリモニー』の真髄

図表3-3　ヴァシュロン・コンスタンタン本社マニュファクチュール
（ジュネーヴ郊外プラン・レ・ワット。屋上に「マルタ十字」が見える）

撮影：長沢伸也

は、そのクラシックなデザインにある。ヴァシュロン・コンスタンタンの刻印ともいえる伝統的な真価を明確に表現しながら、同時にスタイリッシュで現代的なエレガンスがアレンジされ、そのメカニズムにはシンプルさと極められた洗練さが同時に息づいている。数世紀にわたって受け継がれてきた類《たぐ》い稀《まれ》な職人技の結晶の輝きといえ、シンプルだが飽きがこない、完成度の高い時計である。

『パトリモニー』は、時計雑誌ではよく「上がりの時計」と表現される。時計を趣味とする人が「いろいろな時計遍歴を経て、最終的に行き着く完成度の高い時計」くらいの意味とともに、「人生の頂点を極めた人の時計」というニュアンスも感じられる。筆者は「まだまだ」と思っているし、税抜

図表3-4　ヴァシュロン・コンスタンタン『パトリモニー』

き価格200万円超と高くて躊躇するが、馬齢だけは重ねているので「そろそろ」という気にもなってきた。

時計雑誌的には、「上がりの時計」として、『パトリモニー』はパテック フィリップの『カラトラバ（Calatrava）』、A・ランゲ&ゾーネの『ランゲ1（Lange 1）』あたりと並んで挙げられている。この3機種のうち2機種がリシュモン傘下のブランドであることは特筆される。なお、A・ランゲ&ゾーネの『ランゲ1』については後述する。

3 ジャガー・ルクルト（スイス）――代表的マニュファクチュールの時計ブランド

スイス・ロマンド（スイスのフランス語圏）なのでフランス語読みでは「ジェイジャー・ルクールトル」と発音されるが、日本では読みやすさを優先させた表記と読み方になっている。

ジャガー・ルクルト（Jaeger-LeCoultre）は、時計職人のジャック・ルクルト（Jacques LeCoultre）の息子であるアントワーヌ・ルクルト（Antoine LeCoultre）が、1833年にスイスのジュー渓谷（Vallée de Joux）にある町、ル・サンティエ（Le Sentier）で創業した時計製造会社を前身とする高級時計ブランドである（**図表3－5**）。水面標高1004mのジュー湖（Lac de Joux）の畔なので、標高1010mくらいに位置する。デザインから基盤作りまで時計製造の全工程を自社内で行う会社は、マニュファクチュールと呼ばれ、数社しか存在しない。同ブランドはスイスを代表するマニュファクチュールであり、その歴史と特徴は技術と発明にある。

常に他社とは異なる新しい道を開拓することを哲学とし、創業時から多数のムーブメントの制作や、数多くの発明で時計業界の技術進化に貢献したことから、時計愛好家の間では「機械屋」というイメージが浸透している。1844年に創業者のアントワーヌ・ルクルトが発明したミリオノメーター（Millionometer）はミクロン単位を測定できる史上初の計測器で、この発明により、精巧な時計部品の製造が可能になった。次いで息子、エリー・ルクルト（Elie LeCoultre）によって、様々な時計製造技術が次第にジュー渓谷に集まるようになり、現在のマニュファクチュールの基礎を形成した。孫のジャック＝ダヴィド・ルクルト

図表3-5　ジャガー・ルクルト本社マニュファクチュール（スイス、ル・サンティエ）

写真提供：ジャガー・ルクルト

(Jacques-David LeCoultre）は、1903年にパリの時計職人であるエドモン・ジェイジャー（Edmond Jaeger）によるルクルトへの非常に薄いムーブメントの開発という注文に挑むことを決意し、超薄型時計の開発に着手するとともに、事業協定を経てジャガー・ルクルト（Jaeger-LeCoultre）が誕生する。

この薄型時計技術の確立に加えて、29年の世界恐慌の年には世界最小の時計を作って大成功を収めた。同社の技術力はカルティエ、パテック フィリップ（Patek Philippe）、オーデマ ピゲ（Audemars Piguet）、ヴァシュロン・コンスタンタンなど名門ブランドを惹きつけ、ムーブメント提供を請われることとなった。

31年に誕生した『レベルソ（Reverso）』は、インドに駐屯していた英国人将校から、ポロ（馬上のホッケー）の試合中の激しい衝撃にも耐えられる腕時計の開発を、との難しい課題に挑んで設計された反転式ケースの時計だ。ラテン語で「反転する」というその名の通り、ワンタッチ（ケースを横にスライドさせて裏返し固定する）でケースを反転させれば文字盤を格納すると同時に裏面が現れ、もしスティックが当たっても時計のフェイスを守ることができる。反転すると現れる裏面側には、クラシカルな鏡面仕上げでイニシャルや好みの肖像画・美人画などをエングレービング（彫金）できるモデルに加えて、サファイアガラス製のシースルーバック（裏スケ）で中の機構が見えるようになっているモデル、別の意匠を凝らした第2のダイヤル（文字盤）が現れるモデル『レベルソ デュオ（Reverso Duo）』が生まれた（**図表3-6**）。端正なレクタンギュラー

(縦長の長方形)ケースとその上下を飾る象徴的なゴドロン(Godron)装飾(縞模様)はアールデコの薫りを纏い、スポーツウォッチとしての出自を感じさせないほど優雅で洗練されている。追随する形で他メーカーも反転ケースを備えた時計を発売したこともあったが長続きせず、また偽造品も現れない。その要因について、筆者がル・サンティエの本社工場でフィリップ(Philippe)設計技師に聞き取りしたところ、レベルソの仕組みは初期から高いレベルで完成されていたこと、製作が技術的に難しいこと、特許切れを見越して改良特許を波状的に出し続けていることの3点を挙げていた。誕生以来90年経った現在もそのデザイン的意匠をほとんど変えることなく受け継いでいるところも素晴らしく、高級時計界においてまさ

図表3-6　ジャガー・ルクルト『レベルソ デュオ』

出所：ジャガー・ルクルト「カタログ」より許可を得て転載

に唯一無二の存在感を放っている。

ジャガー・ルクルトは創業以来、140 0以上のキャリバー（ムーブメントの型式）が生み出され、今日の時計業界における名声を確立して来た。現在でも、ジュー渓谷にある工房で様々な技術を持つ180種もの職人たちが手作業でジャガー・ルクルトのコレクションを生み出している。1931年のアールデコ調の『レベルソ（Reverso）』に始まり、『マスター（Master）』や、「永久ムーブメント」を備えた置時計で、28年の誕生から半世紀以上にも渡り、スイス政府の公式な贈答品となっている『アトモス（Atmos）』（**図表3－7**）など技術的にもデザイン的にも時計史上重要で特徴的な名作を進化させて今日まで続いている（出所1）。

91年、IWC取締役のギュンター・ブリ

図表3-7　ジャガー・ルクルト『アトモス・クラシック・トランスパラント・ムーンフェイズ』

写真提供：ジャガー・ルクルト

ユームライン（Günter Blümlein）が設立したＬＭＨ（Les Manufactures Horlogères SA：レ・マニュファクチュール・オルロジェール社）グループの傘下となる。２０００年、ＬＭＨグループのＩＷＣシャフハウゼン、Ａ・ランゲ&ゾーネとともにリシュモン傘下に入った。この経緯については、ＩＷＣシャフハウゼンの項で改めて述べる。

4　ＩＷＣシャフハウゼン（スイス）――技術と効率を融合させた伝統時計ブランド

会社名とブランド名は、単にＩＷＣ（International Watch Company の略）と表記されることが多いが、創業地のスイス東部の町シャフハウゼン（Schaffhausen）を続けて表記する。正確には、会社名（IWC SCHAFFHAUSEN）はシャフハウゼンを大文字で表記し、ブランド名（IWC Schaffhausen）は頭文字以外は小文字で表記する。日本の時計業界でも古くから「インター」の通称で知られてきた。

ボストン生まれの米国人技師であり時計職人のフロレンタイン・アリオスト・ジョーンズ（Florentine Ariosto Jones, 1841-1916）は27歳にして、後に札幌市時計台の時計を製作したことでも知られる米国有数の時計メーカー、ボストンのＥ・ハワードウォッチ&クロック・カンパニー（E. Howard Watch and Clock Co.）の副社長兼製造部長に若くして就任する。しかし、すぐに退職してスイスに渡り、米国的生産技術とスイスの伝統的な時計づくりの融合を目指した。しかしながら、スイスのフランス語圏（スイス・ロマンド）であるジュネーヴ周辺やジュー渓谷地帯の時計職人たちは、若い米国人の計画に懐疑的だった。

滔々と流れる大河のライン川には、一カ所だけ滝がある。その滝はシャフハウゼンの郊外にある。シャフハウゼンは、スイスの北東部に位置して工業化が遅れていた。そこで、時計職人で実業家のヨハン・ハインリヒ・モーザー（Johann Heinrich Moser）は、その落差を利用して水力発電所を造った。ライン川唯一の滝は幅150m、落差23mで水量も多く観光名所になっているが、水力発電所は残っていなかった（新たな建設計画がある）。しかし、水力発電所を造って電力と水という工場誘致の条件を整えたにもかかわらず、工場誘致は進まなかった。そういうタイミングでジョーンズはモーザーと出会う。そして、スイスに本社を置く他の時計メーカーのほとんどがフランス語圏にあるのに対して、ドイツ語圏のシャフハウゼンに「インターナショナル・ウォッチ・カンパニー」が誕生する。

しかし、ジョーンズは、スイス西部に会社を設立するつもりでフランス語は勉強したものの、スイス北東部のドイツ語圏で会社を設立するとは思わなかったので、ドイツ語は勉強していなかった。モーザーから工場用地を借りたり、ライン川畔に隣接するバウムガルテン通り（Baumgartenstrasse）に工場を新設（今日に至るまでIWCシャフハウゼンの本社社屋）したりするのに追加投資が必要になった。投資家はジョーンズに資金計画と事業計画の説明を求めたが、ドイツ語ができないジョーンズは「ゲルト、ゲルト（Geld：ドイツ語でお金）」と片言の単語を叫ぶばかりで十分な追加投資が得られず、7年ほどで米国に帰国してしまい、会社は数年間混乱、混迷した

（ＩＷＣシャフハウゼンのヘリテージマネジャー、ダヴィット・ザイファー［David Seyffer］）博士への聞き取りによる）。

以後、会社はシャフハウゼンの資本家が引き継いで以下のように数奇な変遷を辿る。

１８８０年、ヨハネス・ラウシェンバッハ・フォーゲル（Johannes Rauschenbach Vogel, 1815-81）が「インターナショナル・ウーレンファブリーク（International Uhren Fabrique）」を引き継ぐ。

翌81年、Ｊ・ラウシェンバッハ死去に伴い、その息子ヨハネス・ラウシェンバッハ・シェンク（Johannes Rauschenbach Schenk, 1856-1905）が「ウーレンファブリーク・フォン・Ｊ・ラウシェンバッハ（Uhren Fabrique von J. Rauschenbach）」を相続する。

１９０５年にＪ・ラウシェンバッハ・シェンクが亡くなり、彼の妻、2人の娘とその夫のエルンスト・ヤコブ・ホムベルガー（Ernst Jakob Homberger, 1869-1955）とカール・グスタフ・ユング（Carl Gustav Jung, 1875-1961。心理学者で分析心理学の祖）が時計工場「ウーレンファブリーク・フォン・Ｊ・ラウシェンバッハ・エルベン」を引き継いだ。29年、Ｅ・Ｊ・ホムベルガーは義弟のユングの株を取得し個人オーナーとなるとともに、社名を「ウーレンファブリーク・フォン・エルンスト・ホムベルガー・ラウシェンバッハ（Uhrenfabrique von Ernst Homberger Rauschenbach）」に改めた。

Ｅ・Ｊ・ホムベルガーの時代に『パイロット・ウォッチ（Pilot's Watch）』（１９３６年）（**図表３－８**）や『ポルトギーゼ（Portugieser）』（１９３９年）が生まれた。また、１９４４年にアルバート・ペラトン（Albert Pellaton）（1898-1976）が技術主任となり、後に高精度ムーブメントや、ムーブメントを磁場から守る軟鉄製インナーケース、「ペラトン自動巻き機構（非常に効率的な双方向巻き上げ式自動巻き機構）」を開発する。

1955年、E・J・ホムベルガー死去に伴い、その息子ハンス・エルンスト・ホムベルガー（Hans Ernst Homberger, 1908-86）がラウシェンバッハ一族の相続人としてIWCの個人オーナーとなる。H・E・ホムベルガーの時代に、ペラトン自動巻き機構搭載の耐磁時計『インヂュニア・オートマティック（Ingenieur Automatic）』（1955年）、ダイバーズウォッチ『アクアタイマー・オートマティック（Aquatimer Automatic）』（1967年）、スイス製クオーツ・ムーブメント第1号となった「ベータ21」を搭載した初代『ダ・ヴィンチ（Da Vinci）』（1969年）が生まれた。

図表3-8　IWCシャフハウゼン『ビッグパイロット・ウォッチ』

写真提供：IWC Schaffhausen

しかし、1970年代に安価な日本製クオーツ式時計が時計市場を席巻する「クオーツ・ショック」に見舞われて、懐中時計以外の自社製ムーブメントの開発・生産を打ち切り、エボーシュ（ébauche：半完成品のムーブメント。特にムーブメント専業メーカーが作った汎用ムーブメント）メーカーのエタ社（ETA）製の汎用ムーブメントを搭載するようになった。エタ社は85年にレマニア（Lemania）やバルジュー（Valjoux）などの有力エボーシュメーカーを吸収したこともあり90年代は「スイスの時計の約90％がエタ社製ムーブメントを搭載している」と言われたくらいであるから、他の時計ブランドと同様、企業存続のための止むを得ない選択だった。それでも、エタ製の機械に大幅に独自のカスタマイズを施す一方、エタ社に厳しく要望したのでエタ社製品の精度や製品検査体制が改良されたと「伝説の技術者」クルト・クラウス（Kurt Klaus）が証言している（『時計Begin』）。

それでも「クオーツ・ショック」の打撃は大きく、再生のための資本が必要となる。スイス銀行の支援を受けて、ドイツの鋼管会社を中核とするコングロマリット（複合企業体）マンネスマン（Mannesmann）傘下の機械メーカーであるVDOアドルフ・シンドリング社（VDO Adolf Schindling AG）が78年にIWCの株式の過半数を取得する。同時に、創業者F・A・ジョーンズが創業時に付けた社名「インターナショナル・ウォッチ・カンパニー（International Watch Co.）」に再び変更した。81年、H・E・ホムベルガーが引退したため、オットー・ヘラー（Otto Heller）が後継社長に就任する。マンネスマンから新取締役として送り込まれたギュンター・ブリュームライン（Günter Blümlein, 1943-2001）は、予定されていた改革を速やかに実行し、現行の広告キャンペーンをうまく機能させ、購買が活発な若い顧客ベースを確立するとともに、IWCを再び確実に成功への軌道に乗せた（**図表3－9**）。このVDOアドルフ・シンドリングの時代に、『ポートフィノ（Portofino）』（1984年）やクルト・クラウス（1934-）による『ダ・ヴィンチ永久カレンダー』（1985年）が生まれる。

1991年、ブリュームラインがLMH（Les Manufactures Horlogères SA：レ・マニュファクチュール・オルロジェール社）グループを設立し、本社をシャフハウゼンに置いた。同グループは、IWCに100％資本参加、ジャガー・ルクルトに60％資本参加、再興したばかりのA・ランゲ&ゾーネに90％資本参加

図表3-9　ギュンター・ブリュームライン

写真提供：IWC Schaffhausen

し、約1440名の従業員を雇用していた(出所2)。

2000年、英国の通信会社ヴォーダフォン(Vodafone)がマンネスマンを買収するとともに、LMHはリシュモングループに売却される。実は下交渉でLVMHモエ ヘネシー・ルイ ヴィトングループ(以下LVMH)が取得することに内定していた。形式だけの公開入札を実施したところ、LVMHは決まったものとして姿を現さず、リシュモンが現れてLVMHの倍の価格を提示し逆転で取得した(出所3)。

リシュモングループが経営権を取得しても、LMHブランドに対しては、現行の経営管理に基づいたグループ構成単位としての独立性と継続性が保証されることとなった。ブリュームラインは、旧LMHブランド3社の社長に加えて、ピアジェやパネライを含むリシュモンの時計部門の長となった。ブリュームラインは翌01年に急逝したが、この枠組みは今日に至るまで変わっていない。

現在は『パイロット・ウォッチ』『ポルトギーゼ』『インヂュニア』『アクアタイマー』『ダ・ヴィンチ』、『ポートフィノ』の6つのコレクションから構成されており、活性化のために毎年一つのラインを一新する手法がとられている。発案者のジョージ・カーン(Georges Kern)CEO(当時)に理由を尋ねたところ、「自動車だって3~5年置きにモデルチェンジするだろう?それに我々は幸いにも6つのコレクション・ラインを持っている」という、「マーケティングの切れ者」らしい回答だった。

5　A・ランゲ&ゾーネ（ドイツ）——ドイツ統一とともに復活したザクセン宮廷時計師ブランド

ドイツのザクセン地方のブランドなのでドイツ語では、「A（アー）・ランゲ・ウント・ゼーネ」と発音されるが、日本では「A（エィ）・ランゲ・アンド・ゾーネ」という英語とドイツ語がちゃんぽんの読み方になっている。

A・ランゲ&ゾーネ（A.Lange & Söhne）は、1845年にフェルディナント・アドルフ・ランゲ（Ferdinand Adolph Lange, 1815-75）がドイツのグラスヒュッテ（Glashütte）に創業した高級時計ブランドである。その名前はドイツ語で、「ランゲとその息子たち」を意味する。

第2次世界大戦時、工場が戦争の被害を受け一時姿を消したが、東西ドイツの統一後、ギュンター・ブリュームラインにより、A・ランゲ&ゾーネとして再興した。

A・ランゲ&ゾーネの歴史は、IWCシャフハウゼンでも触れたギュンター・ブリュームラインとF・A・ランゲの曾孫、ヴァルター・ランゲ（Walter Lange, 1924-2017）を抜きにして語ることはできない（**図表3－10**）。ヴァルターは、カールシュタインとグラスヒュッテで時計技術師としての修業を積んだ。第2次世界大戦後、爆撃を受けて消失したランゲ工房の再建に努めるが、1948年4月、会社が東ドイツ共産政権により接収され国営企業となり、会社は消滅してしまう。

その後ヴァルターは、ウラン鉱山での強制労働を免れるために、西ドイツに脱出。後に西ドイツのプフォルツハイム（Pforzheim）に時計工房を設け再興を図るがクオーツ・ショックのため頓挫し、時計商社の経営などをした。

　1976年以降、ヴァルターは、再び故郷のグラスヒュッテを定期的に訪問する。冷戦終結・緊張緩和が進み冷戦終結に向かう中で、A・ランゲ&ゾーネを復興することを決意し、東西ドイツ統合直後の90年12月、IWC取締役のギュンター・ブリュームラインとともに彼はついに新生A・ランゲ&ゾーネとして会社を設立。そして、世界中で伝統のブランド、A・ランゲ&ゾーネを商標登録した。

　91年、ブリュームラインが設立したLMHグループの傘下となる。2000年、LMHグループのIWCシャフハウゼン、ジ

図表3-10　ヴァルター・ランゲ

ャガー・ルクルトとともにリシュモン傘下に入った。この経緯については、ＩＷＣシャフハウゼンの項で述べている。

その製品はドイツ高級機械式時計の最高峰といわれ、ドイツのマイスター（親方）による仕上げの美しさ、ステンレスモデルを出さない等の差別化により、現在ではパテック フィリップやヴァシュロン・コンスタンタンと並ぶ超高級時計メーカーとしての地位を確立している。

特に、新生Ａ・ランゲ＆ゾーネの１号機となった『ランゲ１』は、ランゲ＆ゾーネのシンボルともいうべき時計である。そのムーブメントは、かつてＡ・ランゲ＆ゾーネの懐中時計に備えられていた伝統的要素が数多く盛り込まれたＬ９０１・０が採用されており、当ブランドの特徴である、洋銀製の３／４プレートやビス止め式ゴールドシャトン、ハンドエングレービング（彫金）入りテンプ（天輪《てんわ》とヒゲゼンマイ、軸となる天真《てんしん》で構成された、機械式時計の心臓部となる部品）受け、スワンネック型緩急調整装置なども、もちろん採用されている。また、このような伝統が継承されている一方で、ランゲ１に採用されているダイヤルのデザインは、それまでの腕時計の常識を打ち破る斬新なものとなっている。分針と秒針が分離された各表示は、それぞれ中心から外れた場所に配置され、視認性の良さが、独特の形で表現されている。また、各表示の配置が、カレンダー表示部の中央から、パワーリザーブ（巻き上がったゼンマイの保持時間）表示と秒針の軸を垂直方向に結ぶ仮想の線が正三角形の底辺をなし、時表示の中心が頂点となっている。斬新なタッチで大胆さと革新力を感じさせ、その調和の取れたデザインは、時代を超えた名作と呼ぶにふさわしいものであるといえる。

6 オフィチーネ パネライ(イタリア)
――潜水艦のように浮上し、イタリア海軍用特殊技術を生かす時計ブランド

ブランド名は単に「パネライ」と表記されるのに対して、会社名は「工房」を意味する「オフィチーネ」を付けて「オフィチーネ パネライ」と表記するのが正しい。

オフィチーネ パネライ(Officine Panerai)は、1860年にジョヴァンニ・パネライ(Giovanni Panerai)によってイタリアのフィレンツェに「スイス時計店(Orologeria Svizzera)」として設立された。元々は時計を専業としていたわけではなく、精密機器のメーカーであった。アルノ川に架かるアッレ・グラツィエ橋(Ponte alle Grazie)で創業したが、橋の拡張工事に伴う移転で市内を転々としながら規模を拡大していった。時計の販売に加えて、修理・組み立て、職人の育成まで行っており、イタリア初の時計学校としての機能も担うようにもなった。やがてイタリア海軍の目に留まることとなり、納入業者になり、その縁で特殊潜水部隊用に、世界初の軍事用ダイバーズウォッチを作ることとなった。これが時計メーカー、パネライ誕生のきっかけである。

このダイバーズウォッチは、パネライ一族がサン・ジョバンニ広場(Piazza San Giovanni)で経営し、繁盛していた「スイス時計店」が、ロレックス(Rolex)の代理店であったことから、ロ

レックスの協力を得て改造・製作された。1938年に開発したパネライ初の腕時計『ラジオミール（Radiomir）』は、パネライが開発し、当時圧倒的な蛍光性でイタリア海軍から照準器やコンパス用に重宝されていた発光体のラジオミールを時計に応用したものであり、以降パネライは軍用時計メーカーとしての地位を確立することとなる。

その後しばらくの間、パネライの腕時計は軍用のみであった。しかしながら、80年代後半の東西冷戦終結に伴い、軍用の製品需要は減少し、パネライもまた、厳しい経営を迫られることになった。

この業績不振を打開するため、パネライは93年より、一般向け腕時計の製造を開始し、初の一般向けモデル『ルミノール（Luminor）』（**図表3－11**）と『マーレ・ノ

図表3-11　オフィチーネ パネライ『ルミノール エイトデイズGMT』

写真提供：オフィチーネ パネライ

ストゥルム（Mare Nostrum）』を発売する。そして、これが同社にとっての大きな転機となる。95年、ローマの店に偶然立ち寄った映画スターのシルヴェスター・スタローン（Sylvester Stallone）が大ファンとなり、映画の中で着用して世界的に知られるきっかけを掴んだ。しかし人気に伴って増える需要に応える生産能力不足がビジネス拡大の足枷となっていた。こうした背景もあり、同社は97年にヴァンドーム・ラグジュアリーグループ（現リシュモン）の傘下に入った。

以降フェラーリ（Ferrari）とのコラボレーションなどを経て、世界的な高級スポーツ・ウォッチメーカーとしての地位を確立した。アンジェロ・ボナーティ（Angelo Bonati）指揮下で6カ月を超える熟考の末に打ち出された戦略に基づき、製品は、信頼性や耐久性、視認性といった軍用時計に課せられる厳密な要求や仕様をそのまま生かし、イタリアのブランドという特徴を前面にアピールした。同じグループ傘下ブランドですでに国際的名声と販売チャネルを構築していたカルティエの流通網を活用できるというメリットに助けられて傘下入り1年目からビジネスは飛躍した。そして、大型で厚みのある特徴的なデザインは、近年の「デカ厚」ブームと言われる腕時計大型化のトレンドを牽引する存在となった（出所4）。

§3-3　ファッションブランド群

リシュモンの分類では「その他（Other）」とされているが、ファッションが出自のブランド群であるダンヒルとクロエについて簡単に紹介する。ともに第4章〜第7章の事例に登場しないが有名であるし、特にダンヒルはリシュモングループの形成に関わっているので取り上げる。なお、ゴルフ／スポーツウェアのピーターミラー（Peter Millar、米国）と革鞄のセラピアン（Serapian、イタリア）もあるが、省略する。

1　ダンヒル（英国）——伝統と革新のブリティッシュファッションブランド

1880年に馬具専門製造卸売業としてロンドンに創業したアルフレッド・ダンヒル（Alfred Dunhill）が、93年に自らの名前を社名に冠した「ダンヒル」を創業したことに始まる。コートやレザー製品の販売から始まり、その後、ライターなどタバコ関連製品も取り扱うこととなる。その後販売されたパイプなどは、現在でも有名な製品の一つである。

1920年代、タバコの規制により革製品を主力商品とし、その後30年代には、万年筆や化粧品などの販売も手がけ、皇室御用達ブランドとなる。

現在では、紳士服を中心に、スーツ、ネクタイ、カフス、鞄、ベルトなども取り扱っている。ホーム（Home）と呼ばれる旗艦店は、ロンドン・メイフェア（Mayfair）本店と、東京・銀座、上海・淮海路の3都市にある。

キム・ジョーンズ（Kim Jones）、ジョン・レイ（John Ray）を経て、2017年より英国人のマーク・ウェストン（Mark Weston）が新たなクリエイティブディレクターに就任している。

1988年、リシュモングループ傘下となる。この経緯は、リシュモングループの歴史で詳しく触れた。

2 クロエ（フランス）――トレンドを牽引するファッションブランド

クロエ（Chloé）は、世界に約100店舗を構えるリシュモングループのアパレルブランドである。ギャビー・アギョン（Gaby Aghion）により1956年にフランスで創業、オートクチュールしかなかった時代にプレタポルテに最初に取り組んだ。ブランド名の由来はバレエ音楽の「ダフニスとクロエ（Daphnis et Chloé）」から来ているといわれる。女性向けのプレタポルテを中心とし、鞄、アクセサリー、香水等も扱う。2000年代前半、バッグ『パディントン（Paddington）』が世界中で爆発的なヒットとなった。フェミニンでソフトでロマンティックがクロエの特徴で、マリア・カラス（Maria Callas）やグレース・ケリー（Grace Kelly）、ブリジット・バルドー（Brigitte Bardot）、ジャクリーン・ケネディ等の有名人に愛された。

ファッションブランドのため、デザイナーによりブランドの持つイメージが大きく変わる。1965年にカール・ラガーフェルド（Karl Lagerfeld）がチーフデザイナーに就任すると、透けるようなフラワープリントや柔らかいラインによるクロエらしい象徴的なスタイルが生み出された。その後、ラガーフェルドが退任すると、ジラール・ピパー（Girard Piper）、クリスチャン・バリー（Christian Bally）、マルティーヌ・シットボン（Martine Sitbon）らがクロエのコレクションブランドとしての地位を確立していく。92年にはラガーフェルドが再びデザイナーに就任する。97年に当時26歳のステラ・マッカートニー（Stella McCartney）がクリエイティブディレクターを引き継ぐと、若々しい感性により、それまでのクラシックかつソフトでロマンティックな傾向にストリート感が吹き込み、セクシーやポップといった新しい表現でブランドの若返りを図った。

ステラ・マッカートニーがケリング・グループに移り自身のブランドを立ち上げたため、クリエイティブパートナーだったフィービー・フィロ（Phoebe Philo）が2001年に24歳の若さでクリエイティブディレクターを引き継ぐと、フェミニンなアイテムにテーラーをミックスしたスタイルや、リラックスした大人のロマンティック・スタイルなどを提案し、洗練された上品なテイストで大きな成功を収めた。『シルベラード（Silverado）』や『パディントン』により世界的なクロエブームを巻き起こしたのは、フィービー・フィロの功績であり、女性が作る等身大のリアルクローズブームのリーダー的存在でもあった。しかし、4年後、彼女は子育てを理由としてクリエイティブディレクターを退任。

2006年よりスウェーデン出身のパウロ・メリム・アンダーソン（Paulo Melim Andersson）がチーフデザイナーに、08年より英国人のハンナ・マクギボン（Hannah MacGibbon）がアート・ディレクターに起用される。11年、クレア・ワイト・ケラー（Clare Waight Keller）がアート・ディレクターに起用される。17年、ナターシャ・ラムゼイ＝レヴィ（Natacha Ramsay-Levi）がクリエイティブディレクターに指名、20年にはガブリエラ・ハースト（Gabriela Hearst）を新クリエイティブディレクターに指名。

相次ぐデザイナー交代について、ファッションである以上、ブランドのDNA（遺伝子）から逸脱しない範囲で、常に変化が必要であると前向きに捉えたい。また、2000年より、カジュアルライン「シーバイクロエ（See By Chloé）」をスタート。クロエより4〜6割低い価格設定で若い女性の取り込みを狙う試みも行っている。

3　アライア（フランス）——女性のボディラインを引き立たせるファッションブランド

チュニジア出身のデザイナー、アズディン・アライア（Azzedine Alaïa）が創業したファッションブランドである（**図表3-12**）。ボディ・コンシャス・モードの創始者と言われるアズディン・アライアのデザインは、女性の身体に合わせてデザインし、その形に服を合わせて作るという点が特徴的で、1980年代のオートクチュール業界の標準「服に身体を合わせる」の逆を行っていた。

「はじめに体があり、服がそれを際立たせる」ボディ・コンシャスというコンセプトで脚光を浴びるようになり、ナオミ・キャンベル（Naomi Campbell）らスーパーモデルがギャラなしでもショーに出演したがる（ギャラよりもショーの後で貰えるアライアのドレスのほうが価値が高いと評価されていた）ほどセレブリティから人気を集めるようになった。

世の中の流れに従わず独自のスタイルを守るアライアの特徴は、ファッション業界の慣習に従わず、自身のクリエイションペースに合わせたもので、1992年以降、

図表3-12　アライアのボディ・コンシャス・ドレス2点

出所：アライアHP（https://www.maison-alaia.com/experience/jp/heritage/azzedine-alaia/）より許可を得て転載

コレクションは不定期で作品が発表できる状態になった時にのみ行うスタイルにしたところにも表れていた。

若い頃は彫刻家の修業をしていたものの、才能不足を感じて服作りに転向したアライアは、オートクチュールの高度な職人技で服を造形し実際に女性が着た時にもその服の見え方が崩れることがない作り方をした。フレアなシェイプで身体にフィットし、絞ったウエストが特徴であった。その名残で、現在でもコルセット形式の革製ベルトが売られている。ギリシャ神話のアマゾネスをインスピレーション源に、印象的な効果を出すためにタックを入れ、強く締め、なめらかに整えたスタイルもアライアの特徴となっている。

控えめな色づかいで、シンプルな形のストレッチ素材で作られたアライアのドレスは、ボディラインをより際だたせるもので、世界中で大流行した。日本でも「ボディコン」の呼称で知られて人気が出た。その後1990年代にはコレクションでの発表をやめ、アトリエでの受注販売スタイルに戦略転換した。2011年にサプライズで開催したショーはナオミ・キャンベルが登場して再び脚光を浴びた。デザイナーが独立してビジネスを成立させることができる時代は終わったと感じていたアライアは、2000年にプラダ（Prada）・グループと契約してビジネス面での支援を受けるようになり、長年、不採算事業となっていたオートクチュール部門を削減し、プレタポルテやアクセサリーに注力する戦略に転換した。

ファッション業界や顧客からも評価され、自認もしている通り、「タイムレスな価値を持つ服」とされているアライアの悠久性に価値を見出した友人のヨハン・ルパートが会長（当時CEO）を務めるリシュモングループ傘下に2007年から入り、現在に至る。アズディン・アライアは2017年に病気でその生涯を閉じた。

§3-4 筆記具他のブランド群

リシュモンの分類では「その他（Other）」とされているブランドでファッションが出自ではないブランドであるモンブラン（Montblanc）について簡単に紹介する。なお、銃砲とスポーツ用品のパーディ（Purdey、英国）は、第4章〜第7章の事例で取り上げないので省略する。

1 モンブラン（ドイツ）
——一生モノの万年筆から本物志向の時計まで、質実剛健かつ洗練されたドイツブランド

リシュモングループ傘下の筆記具ブランドであるモンブランは、洗練された高品質の筆記具メーカーとして知られている。ハンブルクの銀行家アルフレッド・ネヘミアス（Alfred Nehemias）

とベルリンの技術者アウグスト・エーベルシュタイン（August Eberstein）が米国旅行から帰国後、ハンブルクで1906年に創業して万年筆の製造・販売を開始した。

1909年に「モンブラン」のネーミングを商標登録、13年に「ホワイトスター」を採用する。

25年に『マイスターシュテュック（Meisterstück）』を発表、34年に「モンブラン・シンプロ社（Montblanc Simplo GmbH）」に社名を変更する。

77年、アルフレッド・ダンヒル社がモンブラン社の株を買い占め傘下とし、85年、ダンヒルがモンブランを買収。93年、そのダンヒルがリシュモングループに買収され、リシュモンの傘下となる。

その時計事業参入は97年で、当初の10年ほどは「どうして万年筆のモンブランが時計を？」という違和感と「おっかなびっくり」のような時計であったが、2010年代の10年間で違和感がないどころか、存在感のある時計ブランドとなった。

他の有名筆記具メーカー、例えば米パーカー（Parker）や独ペリカン（Pelikan）、日本のパイロット（Pilot）、セーラー（Sailor）、プラチナ（Platinum Pen）等が時計を作っていないことからも、モンブランは稀有な例であり、ブランド論的にも興味深い。

モンブランのマニュファクチュールは、スイスのル・ロックル（Le Locle）とヴィルレ（Villeret）にある。

ル・ロックルにあるモンブラン・マニュファクチュールは、モントル・モンブランS.A.（Montre Montblanc S.A.）の本社でもあり、お城のような館の半地下がマニュファクチュールになっている。正面入り口側からはわからず、秘密基地のようである（**図表3－13**）。

ヴィルレにあるマニュファクチュールは、かつてのミネルバ（Minerva）である（134頁の第4章の**図表4－4**［下］参照）。

ミネルバ社は機械式クロノグラフ（ストップウォッチ機能を備えた時計）で名声を得た老舗ブランドで、各社がエボーシュ（ムーブメント専業メーカーが作る汎用ムーブメント）を使用していたエタブリサージュ（組み立て）が一般的だった時代において、自社開発したクロノグラフムーブメントを製造できる能力を

図表3-13　モンブランのマニュファクチュール（スイス、ル・ロックル）

撮影：長沢伸也

持ったブランドであった。2006年にリシュモングループが買収して傘下になり、モンブランの時計部門に入って現在に至っている。

また、現在は「ミネルバからのインスピレーション」として『モンブラン1858コレクション』を展開している。「1858」は旧ミネルバの創業年である。

§3-5 オンライン流通群

ユークス ネッタポルテ（YOOX Net-a-Porter Group、イタリア）およびウォッチファインダー（Watchfinder & Co.）（英国）については、第4章～第7章の事例で取り上げていないものの、最近傘下となり、リシュモングループの今後の方向性を示しているので、簡単に紹介する。

1 ユークス ネッタポルテ（イタリア）――ファッションECサイト

2000年にフェデリコ・マルケッティ（Federico Marchetti）が創業したファッションECサイトのユークス（YOOX、イタリア）と、やはり2000年にナタリー・マセネット（Natalie Massenet）

が創業したラグジュアリーファッションに特化したオンラインサイト、ネッタ ポルテ（Net-a-Porter、英国）が合併して15年にユークス ネッタポルテになり、前ユークスのマルケッティがCEOに就任した。前ネッタ ポルテのマセネットは合併後の会社には参画していない。

マルケッティCEOはミラノの名門ボッコーニ大学でMBAを取得後、ゴールドマン・サックスで実務経験を積んだ後にユークスを創業し、06年に有名ブランドに代わって単独オンライン流通サイトの構築と運営で成功、09年にはミラノ証券取引所に上場している。コネも何もなかったマルケッティCEOは自ら営業をかけて自社サービスを使ってくれるブランドを開拓した。

YOOXの名前の由来は、マルケッティCEOの哲学が表現されている。人間を表すYとXは遺伝子の染色体のことで、その間にOOと入れているのは、0と1でできているデジタル世界、つまり技術のことを表している。さらに、YとXがOOの外側にあるのは、人間が技術をコントロールする、という意味を込めているからだと説明し、技術より「人間ありき」の哲学が表現されている。人間である顧客の情熱や楽しさを、技術を使って引き出していくという自分たちをアルチザン（職人）と位置付けている。

ネッタ ポルテやユークスは、競合サイトのように、ただブランドを並べただけのショッピングモールではなく、セレクトショップであり、マスマーケットのようなモールとは異なると差別化要因を明確に示している。ユークス ネッタポルテは、割安感が売りの「ユークス」、女性アイテムを扱う「ネッタ ポルテ」、メンズの「ミスターポーター」、アウトレットの「ジ・アウトネット」と異なる特徴を持つ4つのECサイトに加え、ラグジュアリーブランドの直営ECサイトの運営も手掛けている。前身の1社であるネッタ ポルテは、2012年リシュモン傘下に入った。15年にユークスと合併してできたユークス ネッタポルテは18年に株式公開買付けによりリシュモン傘下となった（出所5、6、7）。

2 ウォッチファインダー（英国）——高級時計専門の二次流通ECサイト

ポルシェやフェラーリなど高級中古車販売のバックグラウンドを持つロイド・アムゾン（Lloyd Amsdon）と、中古時計の熱狂的なコレクターであった現CEOのスチュワート・ヘンネル（Stuart Hennell）が英国で初の高級オンライン中古時計リセラーとして2002年に創業した。

2人とも平均的な英国のサラリーマン家庭に育ち、同社立ち上げの目標は金儲けではなく、高級中古時計流通のグローバルブランドを作ることであった。外部資金調達を可能な限り避け、08年と09年にはそれぞれ自宅を売却して資金調達している。

オムニチャネルの重要性を理解している同社は、オンラインの他に英国全土に7店舗を展開する他、カスタマーサービスセンターを持ち、購入前後のサービス内容とレベルを充実させて他の中古時計事業者と差別化している。さらに、時計メンテナンスのための教育プログラムを提供するワークショップも主催している。

サイトで販売している中古の時計はすべて同社が所有しており、偽物や粗悪品を流通させないように、自前の検査や認証プロセスで品質保証をしている。また、時計に関する圧倒的な質と量の情報提供も行っており、公式動画チャンネルは25万人以上の登録者がいて業界トップクラスである。

２０１８年からリシュモン傘下に入り、パリにオフィスを設けるなどして、欧州全土への拡大を開始した。20年1月には、アクスブリッジ大学（Uxbridge College）と共同で、時計職人の訓練学校である「時計職人見習工訓練学校（Watchmaker Apprentice Training School, WATS）」における訓練プログラムを開始した。訓練に使用されるムーヴメントや素材供給は、ＥＴＡ（時計の機械を専門に製造するメーカー）が公認している（出所8、9、10、11）。

出所１　ダイヤモンド 編集長インタビュー「ジャガー・ルクルト社長 アンリ・ジョン・ベルモ」『週刊ダイヤモンド』１９９９年1月16日号（https://www.jaeger-lecoultre.com/jp/jp/our-maison/our-history.htm）
出所２　M. Fritz, P. Coelho, E. Bilal (2010) *IWC Schaffhausen: Engineering Time since 1868*, Benteli Verlag, Salenstein
出所３　長沢伸也編『ラグジュアリーブランディングの実際』海文堂出版、２０１８年
出所４　Angelo Bonati（2015）*Panerai*, Marsilio, Venezia, pp.106-120
出所５　https://www.wwdjapan.com/articles/1013850

出所6　https://www. federicomarchetti.com/
出所7　https://www.ynap.com/pages/about-us/who-we-are/history/
出所8　https://www.ft.com/content/437ca528-b954-11e5-b151-8e15c9a029fb
出所9　https://www.hodinkee.com/articles/richemont-retools-business-news
出所10　https://www.wwdjapan.com/articles/1013850
出所11　https://www.bwcmg.org/blog/new-watchmaker-apprentice-training-school.html

Chapter 4

歴史による正統性と真正性の向上

本書の目的は、グローバルに知られ支持され続けているブランドのブランド要素（経営資源）にどのようなものがあり、どのように活用してブランド価値に転換していったのかを、事例を通して整理して一般化し、幅広い分野や規模のビジネスに応用できるヒントを提供することである。本としてのまとまりを考えた情報編集をしている関係で、多少解釈に無理があると感じる事例もあるかもしれない。しかし、応用するためのヒントにできるレベルまで一般化しようとすることに主眼を置いており、「この解釈が正しい」「こうするべき」というような正解や教義を明らかにする目的の内容になっていないことをご承知置きいただきたい。

その前提で、本書ではあえて「歴史、土地、人物、技術のブランド要素化（経営資源化）」、つまり「歴史による正統性と真正性の向上」「土地による正統性と真正性の向上」「人物による情熱とこだわりの発現」「技術による独自性と正当性の向上」を主張する。順に説明していく。

§4-1　歴史の存在と内容を認識する

歴史に価値を生じさせるためには、まずその存在と内容を認識するところから始まる。

そもそも、歴史は先天的で人為的に変更不可である。歴史を活用してブランド要素化（経営資源化）し、正統性（legitimacy：受け継がれてきた重み）と真正性（authenticity：本物らしさ）を向上させることができる。

しかし、内部の人間にとって、歴史というのはあまりにも当たり前すぎてあらためて認識する対象にはなりにくく、埋もれがちである。多くの場合継承者や外部の人間の手でその価値が認識され、掘り起こされる。

本節では、活用のための歴史認識手段として「（展示で）見せる」方法を2つ紹介する。もちろん、これ以外にも「外部の人間の手によって価値を顕在化させる」方法など、色々なやり方があるだろう。単に歴史を存在させるだけでなく、歴史によって培われた価値をブランドやプロダクト価値に紐付けて活用するうまいやり方の具体的なヒントとして事例を参考に、一部取り入れるもよし、歴史というブランド要素（経営資源）の価値に対する新たな視点を得て、「ただ経年とともに存在するもの、時系列に陳列するもの」以上の価値を見出すきっかけにしていただきたい。

1　博物館で技術発展の歴史をアピールする
——ＩＷＣシャフハウゼン／ジャガー・ルクルト

歴史をひもといて体系化し、ブランド価値の伝達手段に進化させたのは、ＩＷＣミュージアムの事例だ。ＩＷＣシャフハウゼン（IWC Schaffhausen）は、工学的な技術と職人的な技術が融合した高級時計ブランドとして、技術発展に裏打ちされたブランドの歴史を価値の中心を成すものと捉えて重視している。このようなブランド哲学の表れとして、同社はミュージアムを自社の歴史と、その中心である技術発展、プロダクトとの関連性を見せる手段にしている。同社は１９９３年に創業１２５周年を記念して、シャフハウゼンの本社社屋本館にミュージアムを開設し、ミュージアム施設を所有するスイス初の時計マニュファクチュールとなった。本館は、ＩＷＣ創業者であるフロレンタイン・アリオスト・ジョーンズ（Florentine Ariosto Jones）が１８７５年に建設した歴史のある建物である。

ちなみに有料で、大人１人６ＣＨＦ（スイスフラン）＝７００円ほどである。ドイツ語でのガイドツアーは適宜開催されている。英語でのガイドツアーは曜日指定または事前予約制である。

とはいえ、最初から計画的に現在のような活用が行われていたわけではない。前任者から替わってキュレーターに任命されたダヴィット・ザイファー（David Seyffer）博士は大学時代、技術の歴史を研究しており、時計の歴史にも興味を持っていた。まったく未整理のまま山積みされていた資料を体系的に整理することを条件に、学芸員の資格を持つ当時の上司から自由に見て研究する許可を得た。そこで彼は7年もかけてアーカイブの整理をした。開設当初ミュージアムはコレクターに懐中時計などのアーカイブを見せるところで、そのように構成され、社員教育もその内容に沿っていた。現在は目的が変わり、時計技術の進化や歴史を実際に見せることの重要性を強調する。要するに、社会の変化に伴い、歴史に対する価値の捉え方を進化させ、見せ方、活用目的も進化させたのである。

筆者はＩＷＣシャフハウゼンの本社およびミュージアムを数回訪れてザイファー博士と懇意になった。彼は、「ＩＷＣの生き字引」であり、同社の過去のモデルも含めてすべてのモデルのキャリバー（Calibre：ムーブメントの型式）の番号（5桁の数字）を諳《そら》んじており驚愕した。

よくある企業本拠地の軒先に資料や商品アーカイブを展示しているようなレベルのものではなく、スイス公認ミュージアムに認定されているほど本格的なＩＷＣミュージアムの展示は、すべて歴史的な事実に基づいている。責任者であるザイファー博士は、マーケティングチームに対して常に事実に忠実な情報を使ったマーケティング活動を行うように伝えているのだという（出所1）。もっと時計技術の進化を見せたり、同社の歴史やストーリーを異なる視点で見せたりして、デジタルを取り入れつつ、若者を惹きつける内容にすることの必要性を認識している同ミュージアムでは、オーディオガイドをダウンロードできるアプリのサービスを提供している（出所2）。

博物館を開設するのはハードルが高いということであれば、最近特に広まってきた期間限定のポップアップストア形式の展示や、インターネットを使ったバーチャル博物館という手段もある。

「博物館や資料館を作る」ことが大事なのではなく、博物館などの施設で、時系列、テーマ別に閲覧できる状態になっていることが、社内と社外の両方において意味と価値がある。ブランドないしは企業の継承者（デザイナー、技術者なども含め）がブランドDNAを理解するスタートラインとなるからだ。消費者にとってもまた、その価値を体系的に理解する助けになるし、買い物をすることなくそのブランドとの関わりを持つことができる貴重な場になる。欧州の有力なラグジュアリー企業はほぼ例外なく博物館や美術館、資料館、芸術支援財団などを持っており、しかもブランドPR活動に積極的に活用している。旗艦店の一部を資料館や小さな美術館にして、時にVIP顧客を招いてイベントを行う場所として活用する例も多い。そのような特別な場所に招かれた「特別感」は顧客に高揚感と忠誠心をもたらし、購買に結びつきやすいというメリットもある。

日本企業は、ゼロから何かを作るよりも、海外の良いものを持ってきて、工夫を加えて本家本元が驚くくらい質を高めるのが得意だ。IWCシャフハウゼンの例に見られるように、出来上がった商品（結果）を見せるだけでなく、技術発展の歴史を展示することで価値を示すことができることを、ラグジュアリーブランドが先にテンプレートを作って示してくれた。歴史があり、技術に自信があるなら、あとは、得意の工夫とカスタマイズでより優れた歴史認識と活用の進化を実行するだけでよいのでラッキーである。

ジャガー・ルクルト（Jaeger-LeCoultre）もル・サンティエ（Le Sentier）の本社内にある非公開だった博物館を2020年より一般公開を始めた。ネットでの予約制で入館料が40ユーロ（約5000円）と少々高めであるが、少人数で案内されるので価値がある。開発したムーブメントと特許が多いことが展示の中心で、多数のムーブメントの地板がピアノ線で吊り下げられていてオブジェのようだった（**図表4-1**）。

リシュモングループでは、オフィチーネ パネライ（Officine Panerai）のフィレンツェ本店ブティックの2階に、スペシャルセールス専用のエリアとともに歴史博物館のタイムピースが一定の期間展示されるエリアがある。リシュモングループ以外の独立系時計ブランドでは、ジュネーヴにあるパテック フィリップ博物館（Patek Philippe Museum）が有名だ。オーデマ ピゲ（Audemars Piguet）は、ル・ブラッシュ（Le Brassus）にある本社を増築して工房博物館（Musée Atelier Audemars Piguet）を2020年に開設した。また、スウォッチグループのオメガ（Omega）は、スイスのドイツ語圏とフランス語圏との境界で両言語を併用するビール／ビエンヌ（Biel/Bienne）にある本社や工場に隣接して博物館「オメガ ミュージアム（Omega Museum）」を2019年に移設・リニューアルオープンした。時計や技術だけでなく、宇宙飛行士とともに宇宙空間や月面

図表4-1　ジャガー・ルクルト本社内の博物館（スイス、ル・サンティエ）

ムーブメント地板の展示（オブジェのように吊り下げられている）　写真提供：ジャガー・ルクルト

特許の展示（壁面に細かい字でぎっしり列挙されている）　撮影：長沢伸也

に到達した「ムーンウォッチ」、オリンピックのタイムキーパー（公式時計）、映画007ジェームズ・ボンドの秘密兵器となった時計まで楽しめる。筆者はいずれも見学したが、それぞれ感銘を受けた。日本の時計ブランドでは、セイコー（Seiko）が墨田区東向島にあった博物館を移転・リニューアルして20年8月にセイコーミュージアム銀座（The Seiko Museum Ginza）を開設した（出所3）。

老舗企業では、和菓子の老舗、虎屋が港区赤坂見附にある本社、本店社屋と、創業地である京都本店にそれぞれ和菓子の歴史や原材料、技術を閲覧できるスペースを常設している（出所4）。また、伝統的工芸品の甲州印伝の印傳屋上原勇七《いんでんやうえはらゆうしち》（創業1582年）が甲府本店の2階に開設している印傳博物館では、甲州に400年以上伝わる鹿革工芸・漆工芸の印傳作品を中心に、関連する道具や絵画・書物等の資料約150点を収蔵している（出所5）。これらは本事例と形態や目的が似ている例として挙げられる。

博物館ではなく美術館になるが、ブランドないしは企業名をそのまま冠している例だと中央区京橋にあるアーティゾン美術館（旧ブリヂストン美術館）や、港区六本木にあるサントリー美術館などがよく知られている日本の例だが、しかしこれらはメセナ（企業による芸術・文化の擁護活動）やCSR（企業の社会的責任・社会貢献）であって、本節でいう企業における歴史の存在と内容を認識するものではないので注意を要する。

他にも、資料館や小規模な展示施設などを所有する企業は少なくないが、非公開の企業内博物館にとどまっていたり、活用範囲やレベルが狭くて浅い例が多くもったいない。

歴史をブランド価値創出やアピール手段としてより有効に活用する手段を検討する際、博物館や美術館の活用目的や範囲を広げるやり方は、日本企業にもお馴染みの手法で、着手しやすいのではないだろうか。本書で紹介する欧州のラグジュアリーブランドに加えて、日本企業の博物館、美術館、資料館などの活用事例調査なら今すぐ、誰にでもできるブランド戦略だ。

§4-2 歴史を強化・強調する

歴史は、その存在や価値、内容を認識するだけでなく、弱ければ強化し、強ければさらに強化することで価値が上がる。本書で取り上げているブランド価値の中で、日用生活品（FMCG）ブランドでは重視されないどころか、「古い」「時代遅れ」として足を引っ張る要因にもなりかねないものの一つが、歴史である。そのせいか、どんなものがあるのか紹介はされても、価値を深く掘り下げ、その価値がどのように強化されて活用されているのかについて説明したブランド戦略本は多くない。歴史は非可逆的で、後付けで作ったり変えたりすることができない。逆に、うまくスポットを当てて活用すれば、ラグジュアリーブランドが常套手段としているように、「他とは比較できない絶対価値」の源泉になり得る。「歴史を強化する」とは例えば、ただ存在するだけでは意味のない100年を、意味がある100年にすることであり、長さは変わらないけど質的に強化することである。例えば、歴史が足りなければ発掘、買収や再興で積み増し、延長するという手段が考えられる。

強化したら次なる打ち手は、「強調」である。具体的には、創業家の名前と歴史にストーリーがあれば活用する、歴史の長さはブランド価値に重みを与えるので活用するのがここで言う「強調」だ。歴史の長さや重みに意味をわかりやすく与えるために、具体的に強調して他社との違いを際立たせること。そして、ブランドの歴史はもとより、世の中の歴史に有名人、名士、文化人、文化的出来事があれば、接点を自ら作り、アピールすること。

幸いにもインターネットやSNSの発展と普及により、ブランドは好きなタイミングで、好きな頻度で自社が持つブランド価値を強調する機会と手段を得た。それまでは認識と強調は自前でできても、強調をするとなると有償の広告媒体を使い、強調するコンテンツを広告代理店やコンテンツ制作会社や外部のクリエイターなどに頼らざるを得ないことが多く、対象を選んでリソース投下をせざるを得なかった。しかし、今はあらゆる資源を掘り起こして強化、強調することができるし、逆にあらゆる要素をいかにその対象として活用できるのか、各ブランドの能力が問われている。

日本企業は、商品価格にその価値を転化して対外的にアピールすることだけでなく、宣伝材料としてアピールするなどもっての他と思っている節がある。米国や中国企業の巨大資本に物を言わせた広報戦略には到底敵わないが、歴史ならどこの企業も掘り起こせば1つや2つ目ぼしい資産が見つかるはずだし、歴史は無料の広報ツールである。活用しない手はない。虚偽や捏造は良くないが、少しでも関連性があれば多少の誇張は許されるのが歴史という資源の良いところでもある。歴史を強化・強調してブランド価値に転化しているラグジュアリーを見倣いたい。

1 歴史の長さや重みを具体的に強調して、違いを際立たせる
——ヴァシュロン・コンスタンタン

歴史をブランド価値の源泉として活用する場合、短いより長いに越したことはない。日本は世界一の老舗大国なので、ここで紹介する事例のやり方を真似できる企業は無数にある。歴史はあるだけでは意味がない。一つのやり方は継続性を強調することで、それによって深みと悠久さを加えているのが以下の事例だ。

ヴァシュロン・コンスタンタン（Vacheron Constantin）は、「1755年の創業以来、一度も中断することなく時計づくりを続けている」とアピールしている。これは、言外に「長い歴史があっても、時計づくりを中断したり、そもそも企業自体が中断している会社もあるが、当社は違

う」と言っているようなものである。特に、スイスの時計産業は、1970年代から80年代前半にかけて、いわゆる「クオーツ・ショック」により壊滅的な打撃を受けたので、尚更である。さらに、ヴァシュロン・コンスタンタンは、「歴史的な」という意味のフランス語『ヒストリーク（Historiques）』をそのままモデル名に用いている。

「高級時計製造メーカーから過去の遺産を取り除けば、もはや存在しないも同然。ましてその歴史が、250年以上にも及ぶものであれば……！　ヒストリークが何よりも明確にそれを証明しているように、過去の偉大な遺産にインスピレーションを得たヴァシュロン・コンスタンタンの時計は、気品と真実の伝統を守りながら、常に新しく生まれ変わっている」（出所6）。

このように歴史の重みを強調されては、200年に満たない歴史しかないブランドは逆立ちしても敵わない。

これに対し、日本企業は合併などにより安易に歴史を捨てている。例えば第一銀行は1873年（明治6年）に渋沢栄一により創設された日本最古の銀行であるにもかかわらず、第一勧業銀行を経て2000年にみずほ銀行が継承する際にその名前を捨てたため、みずほ銀行の歴史はわずか20年しかない。第四銀行（新潟県）、十六銀行（岐阜県）、十八銀行（長崎県）、七十七銀行（宮城県）、八十二銀行（長野県）、百五銀行（三重県）、百十四銀行（香川県）のように2桁や3桁の数字であっても、明治政府による国立銀行以来の歴史を誇っている銀行は多い。しかし、これらが望んでも決して名乗ることができない「第一」の名をみずほ銀行は自ら捨ててもったいない。

本事例を参考に、せっかく歴史があるのなら、「あるものは何でも活用する」の精神で活用の可能性を検討していただきたい。

また、日本の老舗に多い「創業寛永年間」のような「言いっ放し」は、だから「歴史が長い」以外に何があるのだと問いたい。何も言わないのは、「馬齢を重ねて、恥ずかしながら歳だけは喰っている」「年寄りは尊敬しろ」と言っているようなものである。昨今の経済状況を大袈裟に「百年に一度の危機」と言ったりするが、創業二百年や三百年の老舗は「百年に一度の危機」も二、三回は乗り越えているはずで、「同じ頃に創業した他社が消えていく中で生き残っているのは稀なことで大変な価値がある」と言わなければわからない。

場合によるが、正統性のある古い歴史には、代替不可能な理由と価値があるのだ。

2 一度途絶えたブランドを後世で復興させアピールする——A・ランゲ&ゾーネ

歴史はあまりにも当たり前すぎて、内部の人間には意外とその価値は過少評価されがちである。多くの場合継承者や外部の人間の手でその価値が認識され、掘り起こされることは冒頭でも述べた。歴史が外部の人間によって掘り起こされることの価値は、企業復興と繁栄に繋がったという成果に表れている。

価値が顕在化することで、買収の対象になり、一つの企業が生き返る可能性がある。特に、歴史が短いとか、特徴に欠けているといった場合は、廃業や後継者不在のため休眠状態になっている企業の歴史を掘り起こして買収し、磨きをかけて価値を顕在化させて活用する方法がある。歴史価値の顕在化による価値の積み増しという手法は、すべての企業に向いているわけではないが、一手段になり得る。1社しかない特殊事例に聞こえるかもしれないが、欧州のラグジュアリーブランドにもいくつか同様の例がある。「知られざる歴史活用の裏技」とでも言える事例を紹介する。

A・ランゲ&ゾーネ（A.Lange & Söhne）は、外部の人間による掘り起こしによって、眠っていた170年分の歴史をブランド価値に変えたブランドである。一度途絶えて復活してから、まだ30年程度しか経っていないが、ブランド全体の歴史は200年以上あるように見えるし、見せている。そして、何より重要なのはその長さと重みがブランド価値として支持されている点である。長く続く歴史は、ブランドに重みを増す効果があるとはいえ、現実には綺麗事や語り継ぎたくなるような心温まる物語ばかりというわけにも行かない。悲劇の歴史とプロダクトに向けた執念とも言える過程をブランドの歴史として認識し、価値化して活用している点に注目したい。

ザクセン宮廷時計師からの伝統を受け継ぐ時計メーカーとして有名でありトップでもあったA・ランゲ&ゾーネは、ドレスデン近郊のグラスヒュッテ（Glashütte）にあった。創業者のF・A・ランゲ（Ferdinand Adolph Lange）は、グラスヒュッテの初代町長も務めた（**図表4－2**）。代々発展したものの、東ドイツ側であったため戦後は接収され、グラスヒュッテの町にあった他の時計メーカーと一緒に、グラスヒュッテ時計国営会社（グラスヒュッター・ウーレンベトリーベ［VEB Glashütter Uhrenbetriebe］、1990年の民営化後は現在のグラスヒュッテ・オリジナル［Glashütte Original］）に統合されて、会社は消滅してしまった。

鋼管を中心としたコングロマリット（複合企業体）であったマンネスマン（Mannesmann）傘下の時計ブランドであるIWCとジャガー・ルクルトの社長であったギュンター・ブリュームライン（Günter Blümlein）は、ドイツ人ということもあってA・ランゲ&ゾーネの再興に情熱を傾ける。まずは、創業家の血筋の人間発掘から行った。どうにかランゲを復活させたいとの熱意で、戦後に東

図表4-2　グラスヒュッテ初代町長アドルフ・ランゲのレリーフ
（グラスヒュッテ町役場前広場）

撮影：長沢伸也

ドイツから命からがら電車を乗り継いで西ドイツに難を逃れて亡命していた創業家4代目のヴァルター・ランゲ（Walter Lange, 1924-2017）を探し当てた。1980年代、統一前のドイツにあって、隠れていたヴァルター・ランゲを探し当てるのは並大抵のことではなかったとする資料と、たまたまマンネスマン傘下の会社で働いていたので容易に見つけ出したとする資料とがある。いずれにしても探し当てたヴァルター・ランゲとともに東西緊張緩和が進む中、グラスヒュッテに行った。ヴァルター・ランゲはかつて自分が働いていた本社や工場が懐かしくもあったが、別の会社になっていてショックを受ける。

そこで、ブリュームラインはヴァルター・ランゲとともに消滅していた会社と同

図表4-3　A.ランゲ＆ゾーネ本社（ドレスデン近郊、グラスヒュッテ）

撮影：長沢伸也

名のA・ランゲ&ゾーネをグラスヒュッテに1990年に設立する（**図表4－3**）。

そして、雇用した職人を同じドイツ語圏ということもあり、ブリュームラインが社長を兼任していたIWCで訓練して、94年に『ランゲ1（Lange 1）』を発表、A・ランゲ&ゾーネの時計が「復活」した。ブリュームラインは病で早逝したが、時計雑誌『時計Begin』の「忘れえぬ人々」という記事で、ヴァルター・ランゲはブリュームラインの名を挙げている。『ランゲ1』の製造シリアル番号00001のゴールドモデルをブリュームラインが、シルバーモデルを自分が着けて、A・ランゲ&ゾーネの復活と友情を分かち合った旨を述べており（『時計Begin』）、万感迫るものを感じた。

A・ランゲ&ゾーネは、1845年の創業から1951年の消滅までの106年の後、1990年の会社復興までの39年間の中断、そして現在（2021年）までの31年の歴史ということになる。ブリュームラインとヴァルター・ランゲが設立した今の会社は31年の歴史しかない。しかし、人々はA・ランゲ&ゾーネを、1845年の創業以来の歴史、つまり106年＋39年＋31年＝176年の栄光と悲劇、そして劇的な復活を果たした歴史あるブランドと見ている。

創業家の人間にしか持ち得ない歴史という価値を手に入れたブリュームラインは、歴史に技術力で価値を加えて、マニュファクチュール（自社一貫生産をしている企業のみ名乗ることができ、時計業界では最高価値の証）という最高にして最強の立場を築き上げた。

歴史を発掘し、技術を組み合わせることで、ゼロから最強のブランドA・ランゲ&ゾーネを再生させた。技術は、自身が再興の中心となったジャガー・ルクルトや、ＩＷＣの職人と工場というブランド要素（経営資源）を活用した。その背景から、創業ファミリーそのものが歴史であり価値の中核となっているブランドである。ファミリーネーム（ブランド名）や創業家の人名をブランド名にしているだけでなく、製品名にもファミリーネームを用いている稀有な例だ。

歴史が長く、悲劇の歴史を克服して復活したという事実、経営の中心人物ではないものの、象徴として復興当時に一族のメンバーが関わり、所属していたことで正統性（受け継がれてきた重み）と正当性（本物らしさ）が担保されている。

資本力だけで復活させたブランドもあるが、ブランドの歴史そのものである創業家の人物にしか持ち得ない価値があり、それを認識して獲得し、ブランドのストーリーとしてアピールし続けている。日本は老舗大国である分、老舗の経営破綻も多いし、倒産は免れても買収されてせっかくのブランド要素（経営資源）が跡形もなくなってしまったり、再生請負企業が本書で取り上げているようなブランド要素（経営資源）の価値に気づかず、再興のチャンスを失ってしまう場合もあるはずだ。買収される企業も、買収、再興させる企業も、本事例をヒントに埋もれているブランド要素（経営資源）――例えば、歴史――が持つ価値と、活用の可能性を考えてみる価値はある。歴史は、存在させておくだけではもったいない。自社になければ、本事例のように発掘して復興するという手段もある。普段から自社だけでなく他社の歴史の存在と価値、活用方法を考えておくことは簡単にできるので、本事例をきっかけに習慣にしていただきたい。

スイスでは、時計の歴史に名を刻む伝説の時計師や時計ブランドを現代の資本家が復興させる例が少なくない。スイス時計産業史が専門のピエール＝イヴ・ドンゼ（Pierre-Yves Donzé）大阪大学教授がスイスの学生時代、アルバイトしていた国際時計博物館で、時計ファンとは明らかに違うビジネスマンたちが時計の古文書をリクエストして熱心に調べていたという。現在は廃れた過去の有名時計ブランドの所有権や商標、顧客名簿等の所有者や権利関係、売買価格を彼らは調べていたのだ、そうやっていくつかのブランドを復活させたのだと、後になって気付いたという（P・Y・ドンゼ教授への聞き取りによる）。

A・ランゲ&ゾーネ以外にも、スウォッチグループのブレゲ（Breguet）などが復活している。このようなブランドの復活は、欧州のラグジュアリービジネスにおいては重要な出来事である（出所7）。

3　歴史が足りなければ発掘・買収で歴史を編纂して積み増す——モンブラン

元々長い歴史を持っていない会社には打ち手がないのかと言えば、そうでもない。歴史が途切れている場合や、自社にない場合は買収によって補完する方法もある。どうせ買うなら、歴史がある企業を選んで買い、歴史を「でっちあげる」と言うと聞こえが悪いが、歴史を「編《へん》纂《さん》」するやり方だ。買収したことをことさら強調する必要はないが、買収した会社の歴史を受け継ぎ「一緒になった姿」を強調すれば、嘘にはならないし、長い歴史があるような印象を与えることができる。

ものの見方により意見は分かれるかもしれないが、このような「歴史の編纂」は消費者にとって安心や信頼感をもたらすので、「捏造」や「誇張」と違って推進して然るべきではないか。買収のメリットは「自社にないリソースを獲得する」ことであり、その中には歴史も含まれていることを看過すべきではない。

老舗筆記具ブランドとしてスタートしたが、今では時計もよく知られているモンブラン(Montblanc)の事例を紹介する。

リシュモン傘下の筆記具ブランドであるモンブラン自体の創業は1906年で長いが、時計の世界では新参者である。時計事業参入は1997年と最近であるが、脈々と続く歴史と長年蓄積された高い技術を価値の中心として訴求するのが標準的な高級時計の競争で歴史が浅いのは不利だ。そこで、モンブランは買収したミネルバ社の歴史を活用している。

その活用の仕方も、時計事業参入直後の2000年代から時計事業が飛躍した2010年代では変化している。

ミネルバの買収が完了した2007年、リシュモンは同社をミネルバ高級時計研究所(Institut Minerva de Recherche en Haute Horlogerie)に改組した(**図表4-4**)。そしてモンブランの名の下に、

図表4-4　モンブランのマニュファクチュール（旧ミネルバ）（スイス、ヴィルレ）

外観

入り口に表示されている「ミネルバ高級時計研究所（Institut Minerva de Recherche en Haute Horlogerie）」

撮影：長沢伸也

ミネルバ製のムーブメントを搭載した4つの新作『コレクション ヴィルレ 1858』を発表した。「ヴィルレ」は旧ミネルバの創業地で、現在のモンブランのマニュファクチュールの所在地である。メインは、腕時計用クロノグラフのキャリバー13-21こと、MB M13・21を載せたクロノグラフである。以降、このムーブメントをモンブランは様々なモデルに搭載してきた。

休眠状態だったミネルバが、年産20万本にまで成長したモンブランに委ねられて表舞台に戻ってきたといえる。ただし、価格はミネルバ時代よりもかなり高くなった。

時計事業参入直後の2000年代のモンブランは、リシュモンが買収してマニュファクチュールの一つとなった旧ミネルバのムーブメントを、高すぎて売れなくても、ミネルバの精神を踏襲しているとして、つまり、アイコンないしは「錦の御旗」として、その歴史を活用して正統性を打ち出そうとしたといえる。つまり、モンブランが創業した1906年や時計事業を始めた1997年を遡って、ミネルバの創業年1858年に書き換えたといえる。また、それとともに、万年筆のモンブランが時計を手掛けるという違和感に対して、ミネルバを前面に出して正統性をアピールしたといえる。

そして2011年にモンブランの路線が大きく変わる。『コレクション ヴィルレ 1858』はアヴァンギャルドなデザインから、往年のミネルバを思わせるクラシカルなデザインに回帰した。とりわけ、『ヴィンテージ パルソグラフ』は、アイコンとして極めて凝った仕上げはそのままに、ブラックエナメルを文字盤にあしらった好事家向けのタイムピースとなった。

2013年にジャガー・ルクルトCEOからモンブランのCEOとなったジェローム・ランベール（Jérôme Lambert：現リシュモンCEO）は、古典的な時計作りを守るミネルバを「宝」と評して、単なるアイコンに留めるのではなく、実際に手に入るコレクションとして打ち出そうとした。それは、かつてのミネルバが目指した路線への回帰であった。

そして2019年、モンブランは枝分かれしすぎたプロダクトラインを『ヘリテイジ（Heritage）』『1858』『タイムウォーカー（Time Walker）』『スターレガシー（Star Legacy）』の4つに統合した。そして、クラシカルなラインを担う前者2つの最上位ラインに、ミネルバ製ムーブメントを与えた。ミネルバとして切り分けるのではなく、既存のラインの延長線上に置く。『モンブラン ヘリテイジ パルソグラフ リミテッドエディション 100』は、そういった方向性から生まれた新作だった。従来に同じMB M13・21搭載と傑出した仕上げでも、ケース素材にはSSが採用され、価格帯は300万円台まで引き下げられた。そしてデザインも、ロゴを見なければモンブランではなく1940年代から50年代のミネルバ製クロノグラフを思わせるシンプルなものに改められた（出所8）。

つまり、時計事業が飛躍した2010年代におけるモンブランは、ミネルバのブランドを活用したといえる（出所9）。

万年筆のモンブランが時計を手掛けるという違和感に対して、時計の技術と歴史があるミネルバを前面に出して正統性をアピールするという強調手法で、新規事業も老舗レベルに昇華させた見事な事例だ。そそっかしい人が「モンブランは1858年に創業して、当初から時計を製作していた」と思ったとしても不思議ではない。

日本には、自力ではやっていけなくても、良い意味での古さと、高い技術を持つ企業が埋もれている。合併、買収、協力企業を探す際に参考になる事例としていただきたい。

4 有名人や文化的出来事と自ら接点を持ち歴史を作る——カルティエ

まず最も単純なやり方は、歴史上の出来事やそこに登場する人物、団体との関わりを活用することだ。カルティエ（Cartier）はこの事例が豊富なブランドの代表格で、例を挙げたら1冊の本が書けそうなレベルだ。実際に書籍も多く出版されているし、本書はブランド解説本ではないので、本項では1例のみ挙げる。宝飾ブランドの歴史を語る時、とかく王侯貴族との関係性に焦点が当たりがちだが、歴史上の出来事との関係も深いのはカルティエの特徴の一つである。

数ある名作時計の中でも同ブランドの中で最も有名な『タンク（Tank）』（**図表4-5**）には、100年以上の歴史がある。第1次世界大戦の終結を決定づけ、パリ解放に戦功があったアリー戦車団（Allied tanks）に敬意を表したもの（homage）である（出所10）。平和を導いた象徴と言われたルノー製戦車のキャタピラーをモチーフにしたデザインが特徴になっているこの時計は、1

９１７年に初めてデッサンが描かれ、19年に発売された。タンクの特徴である角型のケースは、円形が通常だった時代において斬新であった。続いて、21年、22年、29年、36年にタンクの名前が付いた時計が発売され、基本的なデザインは踏襲されたまま様々なシリーズが展開され、現在に至る（出所11）。

やはりカルティエの有名な時計では、ブラジル人飛行士サントス＝デュモン（Santos Dumont）からの依頼で作られ、そのエピソードとともに同ブランドを代表する名作となった『サントス（Santos）』（１９０４年発売）がある。また、モロッコのマラケシュ太守（パシャ）の「自宅のプールで泳ぐ際も使える時計が欲しい」という依頼によりカルティエが１９４３年に作り納めた防水時計で、

図表4-5　カルティエ『タンク』

図表4-6　カルティエ『パシャC』

のちに1986年にデザインをリバイバルしてリリースした『パシャ ドゥ カルティエ（Pasha de Cartier）』がある（**図表4－6**）。しかし、『タンク』はこれらとは異なり、戦車部隊司令官がリクエストしたわけではなく、カルティエが戦車をイメージしてデザインし、後にジョン・パーシング（John Pershing）戦車部隊司令官（1918年8月に戦車部隊を率いてサン・ミエル［St-Mihiel］の戦いで勝利した米国欧州派遣軍総司令官）に「後出し」で贈呈された。

このように、名士や王侯貴族から依頼されなくても、自ら歴史的出来事や人物と関連性を一方的に作るという方法もある。カルティエの『タンク』では常にこのエピソードが語られ、アイコン化されている。新しいシリーズやデザインが登場するたびに、この時計と歴史的な出来事の関連性は繰り返し語られ、強調され、人々の目と心に刻み込まれる未来永劫にわたって無償の広報資産として機能しているのである。

ちなみに、業界は違うがイタリアのファッションブランド、プラダ（Prada）の有名なナイロンのトートバッグやバックパックのように、ブランド側からジャーナリストにプレゼントして気に入られて一斉を風靡し、そのブランドの代表作となる例（出所12）は珍しくない。そもそも「貴方の功績や栄誉を讃えて当社の製品を贈呈する」と申し出れば、喜ばれこそすれ、断られることは少ないだろう。名士や著名人からリクエストされるのを待つばかりが能ではないことがこの事例にも示されており、日本の中小企業にとっては勇気づけられる話ではないだろうか。

§4-3　歴史を伸張する

言うまでもなく、数えるのが不可能なほどブランドが増えた現在の市場において、認識され、支持を獲得するのは難しい。企業にとって新たなブランドを作るよりも既存ブランドの資産を活用し、ブランド伸張するほうが安全で楽だ。一般的に知られるブランド伸張の手法として、「ライン拡張」「価格拡張」「カテゴリー拡張」「ブランド結合」などが挙げられる。これは日用生活品（FMCG）のように流通規模が大きく、買い替えや追加購入頻度が高い商品に当てはめると例が多数挙げられる。しかし、ラグジュアリーをはじめとする、高付加価値で「一生モノ」「長く大事に使う」商品カテゴリーだとどうもしっくり来ない。すべてがそうとは言い切れないが、プロダクトラインやカテゴリーを増やす、少し高いあるいは安い価格帯を作る手法はどちらかというと「伸張」より「拡張」「価値の希薄化（規模を追求する場合は必ずしも悪い意味ではない）」に繋がるものであり、ブランド価値の要素を濃くし、排他性（exclusiveness）を高めるラグジュアリー戦略とは対極的であることが要因の一つとして挙げられる。

第2章で述べたように、ラグジュアリーブランドないしは絶対的な価値を創出しているブランドの戦略と一般消費財のそれは、多少の共通項はあるものの本質的に異なる。薄利多売、価格競争、規模の追求ではなく、価値の競争で独自性を追求したい中小規模の日本企業が目指すべきは、独自性をより濃くすることで、希薄化はその後に考えるべき選択肢である。濃くないものは薄めることができない。本節では、濃くて独自性があるブランド資産の一つ、歴史を用いたブランド伸張の事例を紹介する。ラグジュアリーブランドが提供する価値は「絶対価値」であり基本的にオーナーが変わっても、時代が変わっても、市場が変わっても、元々持っている特徴を大きく変えることはない。

それでも、「変わらない」ことは消費者に正しく伝わらなければ意味がない。例えば、グループ企業の傘下に入ることで、グローバル化、大規模化と引き換えに、良く言えば「洗練」悪く言えば「個性の希薄化」となるようなラグジュアリーの金太郎飴製造のようなやり方もある。一方で、元の個性を生かしたままグローバル化に必要な資金やノウハウを獲得しているブランドもある。元々持っている資源を温存したまま展開市場を拡大するやり方は、一つの「歴史伸張」という見方もできるので、その事例を紹介する。

社会貢献事業、美術や芸術振興の活用も、歴史が創出する価値をセールスに使い、社会貢献に結びつけて潜在顧客へのアクセス手段に伸張する手法で、ラグジュアリーブランドでは業界標準と言っていいくらいどのブランドでもやっている。精神論のような話になるが、歴史は、ただ出来事を時系列に並べたものではなく、国家や文明など人間の社会における物事の変遷であり、国の文化であるとも言える。ラグジュアリーブランドが人々を魅了する要因の一つに、商品誕生の背景にある歴史性や、商品誕生の元になっている文化的行為などが挙げられる。歴史や文化は固有性が高く、効果的に活用できれば模倣困難性が高い差別化要因になる。テクノロジーや規模にモノを言わせた価値創出企業（ブランド）が多い米国に対し、日本や欧州は歴史や文化に根ざした価値で訴求する（できる）ブランドが豊富だ。ただし、日本はその価値の活用が得意ではない企業が多いので、ラグジュアリーのやり方を真似ればもっと持てる資源を有効に活用できる可能性を秘めている。

1 合併・買収したブランドの歴史とDNAを途絶えさせない——ピアジェ

コロナ禍の影響もあり、世界で企業の合併・買収、経営母体の変更などあらゆる変化が起きている。経営母体が変わることで、ブランドが提供する価値が変わってしまうのではないかと思わせると、顧客離れが起きる。「我々はこれからも変わりません」と声高に叫んですんなり信じてくれるほど、消費者は簡単ではない。企業からのメッセージは人為的なものであり、どうとでも解釈されてしまう。一方で、歴史は普遍的な事実であり、母体が変わっても存在し続ける。歴史を使って不連続を感じさせないようにすることで、元のブランドの継続性と永続性があることを伝えている老舗企業のやり方もまた普遍性があり、参考にできる点が多くある。

ピアジェ（Piaget）の場合、創業ファミリーメンバーが現役の間に外部の手を借りる選択をしたことで、消滅もしくは埋もれる可能性が高かった歴史をブランド価値として後世に伸張することができた。

4世代に渡りファミリーで数々の成功を成し遂げてきたスイスの高級時計ブランド、ピアジェは、ビジネス拡大に必要な経営資源、すなわちマーケティング戦略ノウハウ、広報システム、流通システムを外部に求めた。4代目のイヴ・ピアジェ（Yves Piaget）は、株の大半をカルティエ モンド（Cartier Monde：後のヴァンドーム・ラグジュアリーグループ［Vendôme Luxury Group］、1988年以降はリシュモングループ［Richemont Group］）に売却し、93年には完全傘下入りをした。ピアジェ家の若い世代は、もはや家業への興味を失っており、一族による継承の選択肢はなく、このままでは途絶えてしまう可能性もあった。当時のカルティエ モンドとピアジェが契約を結ぶことになったきっかけは、イヴとリシュモングループの創業者、ヨハン・ルパート（Johann Rupert）の出会いで、2人は技術の精華、最高の品質を常に求める姿勢など伝統技術に裏打ちされたものづくりや文化に対する敬意という共通の価値観で通じ合った。世間の憶測とは異なり、経営危機が原因で傘下に入ったのではなく、常に最高の品質を保つためには、最高の生産システムを保有する必要があるとの考えからである。このようにして、培ってきた歴史と技術が創出し、顧客が受け取り続けている価値を大資本グループが持つ経営資源を獲得するという手段で、継続させることになったのである（出所13）。

契約の骨子は2つあり、ピアジェのアイデンティティを尊重し、製品、広報、流通システムの開発における意思決定権限を持てること。そして、今後も関連する時計メーカーの指導的立場に立つ権利を持つこと。これらの条件は守られ、自主性を保持したまま同社は巨大資本とノウハウに守られ、活用しながら活況を呈していた米国や極東ではなく、欧州市場を惹きつける独自のスタイル開発に注力できる環境を手に入れた(出所14)。

当時のCEOであったフィリップ・レオポルド＝メッツガー(Philippe Léopold-Metzger)は、リシュモンの長期的な視野と将来への投資の可能性を信じる姿勢に感銘を受けた。長期間トップの座にいられるブランドはそう多くないが、ピアジェはリシュモン傘下に入ることで、トップの座に長期的に君臨するだけでなくさらに強いブランドになると確信していると、リシュモンとの関係に前向きな見方を示している(出所15)。

つまり、ピアジェ家によるファミリービジネスとしてのピアジェは1988年に終焉し、以後はリシュモン傘下のピアジェとなっているので、経営は不連続となり、あたかも別会社になったようなものである。しかし、ピアジェ家によるファミリービジネスでなくなったからといって、例えば所在地のラ・コート・オ・フェ(La Côte-aux-Fées)を冠して「ラ・コート・オ・フェ時計&宝飾会社」のように社名を変えたりしたら、歴史はその時点で途切れてしまう。逆に、本書でピアジェの経営主体が途中で大きく変わったことを読者が初めて知ったとしたら、それを感じさせないようにしていることに考えを至らせてほしい。

筆者はピアジェ一族に会ったことがある。

ピアジェのラ・コート・オ・フェ本社工房は、別途述べるように鉄道も通っていない山奥の小さな村にある。リシュモンのご厚意で見学できることになったので、礼儀と義理と記念に『アルティプラノ（Altiplano）ホワイトゴールド』を購入した。筆者が初めて購入した高級時計であった。裏スケ（シースルーバック）から見えるメカと芸術的な装飾に心奪われた。熟練した職人が一人で高級時計を「一人屋台生産方式」ですべて組み立てているので、『アルティプラノ』担当の時計師との対面をお願いしたところ、ピアジェ一族のジャック・ピアジェ（Jacques Piaget）氏を紹介され、狂喜した（**図表4‐7、4‐8**）。

ジャック・ピアジェ氏は喜んではいたが、むしろ、「遠い東洋の国から、こんな山奥まで訪ねて来るなんて酔狂だな」と呆れている様子がありありとしていた。「40年務めて、もうすぐ定年だ」と言うので、「40年は長かったか」を尋ねた。

「40年はあっという間だったよ。従兄弟のイヴ（Yves Piaget）は社長だったが、俺は経営には携わらず、ずっと職人だった。1960年代後半に入社し、必死に技術を習得した。ようやく一人前になった70年代から80年代初めにかけてはクオーツ・ショックで、会社の経営も傾き、思うような時計は作ることができなかった。80年代後半からようやく立ち直り、90年代後半から2000年代にかけては高級時計ブームで忙しくなった。新素材や新技術も習得しなければならず、CADなどコンピューター化も進み、追いつくのに必死だった。気がつけば40年経って、もう定年だ。あっという間だったよ」と淡々と語った。

一人の時計師を通したスイス時計産業史が語られ、その想いが込められていることとともに、

図表4-7　ピアジェ『アルティプラノ ラージモデル』

©Piaget

図表4-8　ピアジェ『アルティプラノ』担当のジャック・ピアジェ時計師と長沢

撮影：長沢伸也

経営主体がファミリービジネスから替わってもジャックが追い出されずに良い仕事をして無事に定年を迎えられることに血の通った経営を見て、温かい気持ちになった。

買収される、傘下入りすると聞くと、買収側の経済合理性を重視した経営によって、ブランドDNAの希薄化が起きそうだが、この事例に見られるように、元のブランド要素（経営資源。ここでは歴史）を生かせる外部経営資源の獲得によるブランド継承は、歴史の伸張によるブランド価値向上の例として参考になるし、コロナ禍でも頻発している合併・買収、事業継承の早期化において考慮したい要素だ。

買収したからといって、「ピアジェ」→「ラ・コート・オ・フェ時計&宝飾会社」などにブランド名を変更したのでは、歴史とDNAが途絶えてしまう。日本では、ブランドを合併・買収すると、親会社の名前をくっつけたり別のブランド名に変更したりすることが少なくないが、ブランドの歴史とDNAが途絶えてしまうので避けるべきである。多額の投資をして合併・買収したことをブランド名を変更して明示するのは自己満足であるのに対して、むしろ気付かれないようにして歴史とDNAを途絶えさせないほうが「太っ腹」に見えるという以上に長い目で見て得である。

2　社会貢献を潜在顧客層との出会いの場とする①——モンブラン

本章の冒頭で述べたように、歴史は、文化が創出する価値を社会貢献やセールスに使うのみならず、社会貢献に結びつけて潜在顧客へのアクセス手段に伸張することができる。ブランドの歴史と関連性が高い分野で社会貢献を続けることは、潜在顧客層との繋がりを持つ手段にもなる。モンブランは、自社の歴史そのものであるコアプロダクトの特性を社会貢献に紐づけて、潜在顧客層にアクセスする機会を獲得している。

芸術・文化の発展に対して時間、エネルギーと資金面での貢献をした現代のアートパトロンに敬意を表し、サポートする目的で１９９２年にモンブラン文化財団（La Fondation Montblanc de la Culture）を設立し、芸術支援をする現代のパトロンの活動に対して賞を贈る、唯一の国際的アワードのモンブラン国際文化賞（Montblanc de la Culture Arts Patronage Award）などを行っている。

これだけなら何の変哲もない、企業による芸術支援だが、同社は他にも「書く」行為にスポットを当てた社会貢献プロジェクトを行っている。長年提携しているユニセフと２００４年には初のジョイントプロジェクトとして、世界の子供たちに質の高い教育の提供を促進させる“（Sign up for）The Right to Write（書く権利のためにサインを）”キャンペーンを行った。続いて09年には世界の非識字の問題に取り組み、マイスターシュテュック（Meisterstück）“Signature for Good（シグネチャー・フォー・グッド：良いことのために署名を）”プログラムを行い、４３０万ドル調達した。13年にはユニセフの教育プログラム支援をし、いずれも多額の寄付を集めることに成功している。また同年、ネルソン・マンデラ基金（The Nelson Mandela Children's Fund）、トライベッカ・フィルム・インスティテュート（Tribeca Film Institute）とともに〝パワー・オブ・ワーズ（Power of Words：言葉の力）〟プロジェクトを開始した。南アフリカの元大統領ネルソン・マンデラの言葉を特集したショートフィルムが製作され、ニューヨークを象徴するタイムズスクエアで毎晩深夜まで上映され話題を集めた。続いて14年には「パワー・オブ・ワーズ」プロジェクトを拡大している（出所16）。

このように、「元は万年筆ブランドであるモンブラン」が、同社の核であり歴史である「言葉」「書く」という行為の追求に関連性が高い社会貢献を続けることは、ブランドとプロダクトの結びつきによるイメージ強化と向上に繋がりやすい。子供にアクセスして、ブランド名やイメージを幼少期から刷り込み、大人になってから愛好してもらう素地を作るという大手ハンバーガーチェーンのようなやり方は、高級ブランドには不向きに思えるかもしれないが、このように社会貢献という形態なら十分可能である。消費者にとってもわかりやすく、関連性の高い分野を見つけて社会貢献を行うことの効果がわかる事例だ。

日本企業は本業や祖業に関係なくスポーツなど目立つ分野に社会貢献しようとする場合が多い。これに対して、モンブランは最近では時計も充実してきたが祖業は万年筆であり、「言葉」「書く」にこだわった社会貢献のほうがブランドの歴史を伸長させることにも繋がり効果的である。

3　社会貢献を潜在顧客層との出会いの場とする②――オフィチーネ パネライ

モンブランと比べると抽象度は高いが、幅広い層へ訴求しやすい歴史伸張で社会貢献、文化活動をしているオフィチーネ パネライ（Officine Panerai）の事例を示す。時計店として創業し、第1次世界大戦頃から、イタリア海軍向けの時計開発を始め、そこで培った技術とデザインを元に発展したパネライの歴史は、ブランド価値の中心と言っていい。そこで、ブランドの起源とも言える海との深い関わりを大事にし、海と関わりが深い活動を支援した社会貢献を行っている。2005年から主催する「パネライ クラシックヨット チャレンジ（Panerai Classic Yachts Challenge）」は、現在ではクラシックヨット界の最も重要な大会にまで発展した。また主催するだけにとどまらず、1936年製のヨットを修復し、自らも参戦。さらに2017年には国際ヨットレース「アメリカズカップ（America's Cup）」の公式パートナーとなり、米国チームと日本チームとを時計でサポートしている。

これら海にまつわる大人向け社会貢献活動に加えて、若者層や子供向けのプロジェクトも行っている。2008年から12年の間、南アフリカの有名冒険家マイク・ホーン（Michael Horn）のパートナーとなり、エコでサステイナブルな最先端のテクノロジーを駆使し、リサイクル素材を使用したヨットのパンゲア号（Pangea）で五大陸をめぐる遠征を支援した。この遠征目的は世界の人々に地球の環境問題に意識を向かせ、自然とその資源の保護を支持する若い世代のアンバサダー育成であった。マイク・ホーンと参加した12歳から20歳までの若者は、この遠征を表す〝探り、学び、行動する（Explore, Learn, Act）〟を高い志とし、プロジェクトを精一杯やり遂げたという（出所17）。パネライと海というイメージは若い心に深く根付いたことだろう。こちらも、海との関わりという自社の歴史を、若者層や子供、グローバルマーケットの潜在的な顧客層から認知される手段に伸張した例として参考にできる。

パネライはイタリア海軍御用達の計器ブランドが出自である。だからといって、軍事関係に寄付したりイベントを開催する社会貢献は消費者から支持されないだろう。「海のブランド」として「海」にこだわった社会貢献のほうがブランドの歴史を伸長させることにも繋がり効果的である。

特に地場・伝統ブランドにとっては、自社プロダクトやサービス創出の源になった文化や歴史が何を意味し、どのような社会活動が可能なのか検討できる要素を多く秘めているのは間違いない。例えば、筆の名産地である広島県安芸郡熊野町では、毎年秋に「筆供養」という行事があり、寿命を迎えた筆を全国から集めて、燃やして祈りをささげ、供養をすることで地球に返す（出所18）。海外から見たらあり得ない神秘的で地球に優しく、文化と歴史を感じさせる独自性が高い行事なのに、まったく知られていない。もっと海外にアピールして、熊野筆ブランドの特徴として価値をアピールできる可能性を秘めている。身近にこのような例が埋もれていないか、具体的に考えてみる価値はある。

4 カルティエ

高級で歴史があるブランドは人々の憧れを喚起する。時にそのポジションが仇になり、古臭さや近寄りがたさという足枷になるリスクもある。歴史や伝統を匂わせつつ、時代に合わせた軽さや新しさを出して高級感とアクセシビリティ（accessibility：手の届きやすいこと）ないしはアフォーダビリティ（affordability：購入しやすさ）を保ち、高める手段の一つとして、美術館や財団の創設と運営によって文化、芸術への理解力や支援を示すやり方がある。とりわけ、カルティエ（Cartier）の事例に見られるように、古い歴史を持つ自社の製品や歴史ではなく、現代アートを支援して、支持する層へアクセスしている。

新しいブランドがモダンなことをやるのは当たり前で付加価値になりにくいが、古いブランドがやると、古さと新しさのギャップが価値を創出することがある。高級で近寄り難いと思っていたものに、庶民でも手が届く隙を与えて、適度な重厚さは保つと好感度や支持率が急上昇する。最近の例では、ファストファッションブランドの服を公務で着て好感度を上げている英王室のキャサリン妃（Princess Catherine）や、元ファーストレディ、ミシェル・オバマ（Michelle

Obama）が公式行事で自国を代表するファストファッションブランドの服を着て支持を集めた例などがわかりやすい。一般庶民は特に「本来、手が届かない存在に少し触れられる」というギャップに弱い。「偉い人なのに話してみたら気さくだった」と喜ぶ人が多いと言えばピンと来るだろうか。しかし、逆のパターンは支持されにくい。若くして財を成した成金的経営者が、ジャン＝ミシェル・バスキア（Jean-Michel Basquiat）の現代アート作品を買っても単に「あの人はお金を持っている」と思われるだけで、文化人として尊敬を獲得するのは容易ではない。古さ、重さがあるからこそ軽さ、新しさを出すと価値が生まれる。

その歴史が持つ重みを使って、「先端」「新しさ」という価値に伸張しているのはカルティエの事例だ。ラグジュアリーブランドは現代芸術界で大きな役割を担っている。その活動を最初に始めたのは、カルティエのアラン＝ドミニク・ペラン（Alain-Dominique Perrin）で、パリ郊外のジュイ＝アン＝ジョサス（Jouy-en-Josas）に１９８４年にカルティエ現代美術財団（Fondation Cartier pour l'art contemporain）を設立した。美術館は94年パリ14区ラスパイユ大通り（Boulevard Raspail）に開館。財団も同所に移転した（**図表４－９**）。同財団は、アーティストの創作の場や、市民とアートの出会いの場となる空間を提供しつつ、現代アートの創作活動の促進、およびその社会的普及を目的に創設された。テーマを設けた企画展の定期開催や、アーティストによる個展を開催するだけでなく、依頼製作による所蔵コレクションの充実化にも注力している。創業家のルイ・カルティエ（Louis Cartier）が唱えた哲学である「ネバー・コピー、オンリー・クリエイト

(Never Copy, Only Create：模倣するな、創造するのみ)」の精神を反映してか、ユニークな創作を尊重する企業理念を実践している。このような活動において、カルティエは先駆け的な存在である。現代アートが現代社会に対する声であることを訴え、現代アートをできる限り多くの人々に紹介するために活動を続けている(出所19)。

日本人にも馴染み深い、アーティスト、村上隆を1990年代に紹介したのはカルティエ現代美術館であった。村上隆展を観て気に入ったLVMHのベルナール・アルノー(Bernard Arnault)が2000年代にルイ・ヴィトンとのコラボに起用して、『モノグラム マルチカラー(Monogram Multicolor)』や『LVパンダ(LV Panda)』に繋がった。時代に合わせた新しさや創造性に、

図表4-9　カルティエ現代美術財団(パリ14区ラスパイユ大通り)

撮影：長沢伸也

芸術、文化施設や財団を活用してブランド価値に正統性（受け継がれてきた重み）と真正性（本物らしさ）を与える。歴史を活用して未来の文化や美を先取りしているブランドであることを示すだけでなく、消費者にいい意味でのショックを与え、そのギャップで若者の興味を引くカルティエのやり方は、それなりの資本が必要なので真似しやすいとは言えないが、歴史が持つ価値を伸張させる手法として効果がわかりやすい。

ただし、カルティエは現代美術館で過去のカルティエ製品やカルティエの歴史にまつわる展示を行っているわけではない。カルティエではこれは美術展で行っている。「歴史が長い」「古い会社」だけを強調すると、感心はされても「古臭い会社」「過去の会社」と否定的に受け取られる恐れもある。そこで、現代美術財団や現代美術館によって「カルティエは長い歴史のある古い会社だけれども、古びることなく現代の最先端を行っていますよ。その時々で常に一歩先を行った積み重ねが歴史になったのですよ。現代美術から、カルティエの創造性の長い歴史に思いを馳せてください」とアピールしている。これは、ルイ・ヴィトン財団（Fondation Louis Vuitton）美術館（パリ、2014年開館）、ケリング（Kering）の創業家であるフランスのピノー財団（Fondation Pinault）が運営している美術館「プンタ・デッラ・ドガーナ（Punta della Dogana）」（ヴェネツィア、2009年開館）および「ブルス・ドゥ・コメルス（Bourse de Commerce）」（パリ、2021年開館予定）でも同様である。トップブランドだからこそできる芸当である。

「歴史が長い」というだけでは売れない。長さに意味を見出させる。歴史が長いことで憧れや尊敬を喚起できるので価値が上がる。日本だと創業〇〇年としか言っていない企業が多くて価値が伝わらずもったいない。「創業〇〇年」を水戸黄門の印籠の如く翳《かざ》してその意味するところを説明しなくても伝わるのは昔の日本だけで、グローバル市場や、ミレニアル世代には通用しない。ラグジュアリーは、長いといった上に、どういう価値があるのかをあらゆる手段で伝えており、日本企業もやるべきだ。

以上見てきたように、歴史を使って社会貢献、文化活動の形態で価値を伸張するやり方は、芸術や崇高な文化との関連性を見出せない企業にとっても、未来へ繋がり、潜在顧客層との繋がりを持つために有効な手段として一考の価値があるだろう。

出所1　In Conversation with David Seyffer, IWC Museum Curator, April 16, 2019 By Melissa Lim

出所2　https://www.iwc.com/ja/company/museum.html

出所3　https://museum.seiko.co.jp/about/

出所4　長沢伸也・染谷高士著『老舗ブランド「虎屋」の伝統と革新』晃洋書房、２００７年、および菓子資料室　虎屋文庫ＨＰ（https://www.toraya-group.co.jp/toraya/bunko/）

出所5　長沢伸也編『老舗ものづくり企業のブランディング』同友館、２０２０年、および印傳博物館ＨＰ（https://www.inden-museum.jp/）

出所6　ヴァシュロン・コンスタンタンＨＰ（https://www.vacheron-constantin.com/jp/）

出所7　J. Zanon,（2018）“Reawakening the ‘sleeping beauties’ of haute couture,” In: R. L. Blaszczyk, and V.

Pouillard eds., *European Fashion: The creation of a global industry*, Manchester University Press, Manchester.

出所8　ウェブクロノス（https://www.webchronos.net/iconic/43591/）

出所9　長沢伸也「ラグジュアリーブランディング論から見る〝2010年代の成功者〟」『クロノス日本版』第16巻第6号：58－61、2020年

出所10　J・N・カプフェレ（Jean-Noël Kapferer）、V・バスティアン（Vincent Bastian）著、長沢伸也訳『ラグジュアリー戦略』東洋経済新報社、2011年、152－153頁

出所11　フランコ・コローニ（Franco Cologni）、エリック・ヌスバウム（Eric Nussbaum）著、KILA編集部監訳『カルティエ　プラチナの芸術家』徳間書店、1995年、およびカルティエHP（https://www.cartier.com/）

出所12　J・N・カプフェレ、V・バスティアン、前掲書、152－153頁

出所13　Dana Thomas（2007）*Deluxe: How Luxury Lost its Luster*, Penguin, London.

出所14　フランコ・コローニ著、米沢悦子訳『ピアジェ〝時を刻む芸術品〟』平和堂貿易、1996年、およびピアジェHP（https://www.piaget.com）

出所15　CPP-Luxury “PIAGET CEO: ‘The DNA of our brand is at the heart of all our products’,” February 16, 2014（https://cpp-luxury.com/piaget-ceo-the-dna-of-our-brand-is-at-the-heart-of-all-our-products/）

出所16　https://www.montblanc.com/ja-jp/discover/company/ 企業の社会的責任

出所17　https://www.panerai.com/jp/ja/about-panerai/history.html

出所18　https://www.fudematsuri.jp
出所19　https://www.cartier.jp/ja/メゾン/commitments/カルティエ現代美術財団.html

Chapter 5

土地による正統性と真正性の向上

§5-1　土地の存在と内容を認識する

どんな企業やブランドにも、創業地やゆかりが深い土地があり、それはどんな企業でも活用できる可能性を秘めているブランド要素（経営資源）の一つである。熱烈なファンがいるラグジュアリーブランドは宗教にたとえられることも多い。ラグジュアリーブランドにおいて土地は「聖地」とも呼ばれ、そのブランドやプロダクト、技術が誕生した聖地（創業地や工房、本店、旗艦店や一号店などの所在地）は、そのブランドに先天的かつ固有なもので、後から人為的に変更することはできない。そして、他社が真似ることは不可能で、やはりこれも模倣困難性が高いブランド要素（経営資源）になり得るし、正統性（legitimacy：受け継がれてきた重み）と真正性（authenticity：本物らしさ）を向上させることができる。本書では歴史、土地、人物、技術の4要素にテーマを括って論じているが、どの資源にせよ、まずはその存在を認識する必要がある。土地の存在を認識するのは簡単だしどこの企業でもやっているが、その土地や、土地との関連性が自社にどのような価値をもたらし、もたらし得るのか把握しているだろうか。

「こだわりのものづくり」をする企業には、創業地やプロダクトの誕生地、主力工場の所在地があるはずだ。地場伝統企業や老舗企業の創業がインターネット上だったとか、創業当初から生産地を持たなかったというのも物理的にあり得ない。言い換えれば、本章で紹介する事例は、かつてはどこの企業でも持っていたし、現在でも多くの企業が持っている土地という物理的なブランド要素（経営資源）を、ただ存在させるだけでなく、そこに意味を見出してブランド価値の一部としていかに定着させていったのかという話である。

例えば、ただの不便な土地、不利な（名前や特徴や価値を知られていない）土地でも、その価値を認識すると高めることができるし、ブランドの特徴として外部に打ち出すことが可能になる。高める手段は色々あるが、例えば不利な土地や不便な場所に創業地や製造地があったとしても、見限ったり利便性や経済合理性を最優先して移転する道を選ばず、あえてその地に踏ん張って主力工場として存続、発展させて聖地化するなどのやり方があり、いくつかの事例を紹介する。

作っている土地やそこで作っているものを自分たちが素晴らしいと思えれば、皆に言いたくなるし、愛着やこだわりが生まれて素晴らしい製品やブランドにそれが反映されるはずである。

1　創業の想いを地名に託し、ブランド名やロゴで表明する――モンブラン

最初に取り上げるモンブラン（Montblanc）の事例は、最も単純でわかりやすい。土地といっても、モンブランは山の名前である。ハンブルクの銀行家アルフレッド・ネヘミアス（Alfred Nehemias）とベルリンの技術者アウグスト・エーベルシュタイン（August Eberstein）がハンブルクで1906年に「シンプロ・フィラー・ペン・カンパニー（Simplo Filler Pen Co.）」として創業し、万年筆の製造・販売を開始した。創設当初の名前はモンブランではなかったが、万年筆はインク漏れが当たり前だった当時、「最高の品質を目指そう、欧州の最高峰は何処だ？モンブランだ」ということでブランド名になった。モンブランはドイツではなく、フランスとイタリアの国境にあるし、フランス語の名称なので、ドイツのブランドの名称として違和感があるかもしれないが、こういう理由でブランド名になった。

モンブランのロゴマーク「ホワイトスター」は、丸みを帯びた6角形の星の形をしている。1913年に採用され、以来、モンブランのロゴとして親しまれている。このロゴマークは、雪を被ったヨーロッパの最高峰モンブランをイメージしている。「4810」も併せて使用されているが、これは、モンブランの標高を表している。日本で言えば「富士（山）」といったところか。確かに「富士（不二）○○」という企業は多い。みずほ銀行の前身の一つである富士銀行はロゴも富士山を図案化していた。「みずほ」になって、「瑞穂《みずほ》」や原義の「瑞々しい稲の

穂」がどう使われているかは寡聞にして知らない。

土地と創業の想いが直結していない場合は、消費者にとっても社内の人間にとっても価値を理解しにくいので一工夫必要だ。モンブランの事例に見られるように、創業の想いをブランド名とロゴマークで表明してあると説明機会を得られるし、価値を象徴化しやすいので認識可能な状態になる。

このように、創業の想いと、事業を実現するのに不可欠な特徴（価値）を持った土地をブランド名に反映させる手法はものづくり企業にとって特に参考になる。日本でも、土地の特徴（価値）をネーミングに用いた例は多数ある。企業ではないが、東京都品川区にある有名な商店街の名前は、戸越銀座である。命名の由来は、日本一の商業地であった本家の「銀座」から煉瓦《れんが》を譲り受けるだけでなく、銀座の賑わいにもあやかりたいという想いから、「戸越」と「銀座」を繋げて「戸越銀座」と名乗ったのが始まりとされている（出所1）。

「銀座」という土地が持つ「高級で賑わっている」という、広く浸透しているイメージの力を庶民的な商店街に付与することで、想いを込めたわかりやすい例ではないだろうか。これが仮に「戸越高級品商店街」だったらわかりやすいが想いは伝わらなかったかもしれないし、人々の記憶にも残りにくいだろう。

2　創業地が持つ価値をブランド名で表明する——ＩＷＣシャフハウゼン

創業地を直接社名に付けるという意味では具体的である一方、英語読みする点ではモンブランより少し抽象性が高いが、やはり多くの企業が実行可能な土地の価値認識事例は、ＩＷＣシャフハウゼンだ。ＩＷＣシャフハウゼンは米国人時計職人フロレンタイン・アリオスト・ジョーンズ（Florentine Ariosto Jones）により１８６８年にスイス東部シャフハウゼン（Schaffhausen）で創設された。彼の事業計画で、創業の想い「米国式生産システムの優れたメカニズムに、手工業に秀でたスイス人労働者を組み合わせる」を社名に表した。どういうことかというと、創業地シャフハウゼンはドイツ語圏なので、本来であれば「国際時計会社」インテルナツィオナーレ・ウーレン・ゲゼルシャフト（Internationale Uhren Gesellschaft）とドイツ語にすべきところ、インターナショナル・ウォッチ・カンパニー（International Watch Company）と英語の社名にした。それにより、世界、特に米国に向けた質の高い時計製造の実現を目指した。その想いが現在まで繋がっている。

創業者のジョーンズ以後、会社はシャフハウゼンの資本家が引き継いでいく。カール・グスタフ・ユング（Carl Gustav Jung：心理学者・精神医学者。「ユング心理学」の祖）も一族として取締役になっていたこともある。そして、§３-２で紹介したように、ほぼ１００年の間、所有者の変遷とともに、社名も「インターナショナル・ウォッチ・カンパニー」→「インターナショナル・

ウーレンファブリーク」→「ウーレンファブリーク・フォン・J・ラウシェンバッハ」→「ウーレンファブリーク・フォン・J・ラウシェンバッハ・エルベン」→「ウーレンファブリーク・フォン・エルンスト・ホムベルガー・ラウシェンバッハ」→「インターナショナル・ウォッチ・カンパニー」と変遷を辿った歴史が刻み込まれている（ただしブランド名は一貫してＩＷＣであった）。

最後の個人オーナーであるハンス・エルンスト・ホムベルガー（Hans Ernst Homberger）の統治時に「クオーツ・ショック」に見舞われたＩＷＣは、新しい計画のためにハイレベルのベンチャー資本を必要としていた。スイス銀行の支援を受けたＩＷＣは、ドイツの鋼管会社を中心としたコングロマリット（複合企業体）マンネスマン（Mannesmann）傘下の機械メーカーであるＶＤＯアドルフ・シンドリング株式会社（VDO Adolf Schindling AG）と交渉し、１９７８年に同社がＩＷＣの株式の過半数を取得する。同時にＩＷＣは、創業者のジョーンズが創業時に付けた社名「インターナショナル・ウォッチ・カンパニー（International Watch Co.）」をほぼ１００年振りに再び採用し、この社名変更によって創業当初の意義を回復した。

シャフハウゼンの地で辿った会社の数奇な変遷と社名の意義を知ると、感涙を禁じ得ない。

リシュモングループ以外でブランド名に地名を用いている例としては、スウォッチグループ傘下のグラスヒュッテ・オリジナル（Glashütte Original）の例がある。Ａ・ランゲ＆ゾーネと同じく、ドイツのドレスデン近郊グラスヒュッテに所在する。

ただし、地名が付くといっても、特産品や観光地などに地域名を冠した「地域ブランド」とは根本的に異なる。企業名に地域名を付けて、地域のイメージの上に企業のイメージを載せて一緒に打ち出すのである。地域といっても、例えば東京〇〇会社や大阪〇〇製作所では何の印象も残らず効果もない。その意味では「それはどこ?」「どうしてそこに?」という疑問を持たれるような有名ではない地域のほうがよい。「ライン川唯一の滝のある町で、水力発電を利用するべくこの地に立地した」とか、「江戸時代にこの地方を治めていた名君が渡り職人を招いてこの産業を振興した」というように、何かしらのストーリーや必然性があってその地で創業したことを語ればよい。

企業(ブランド)名は、常に消費者との接点を持ち、価値を伝える大事なツールであることは言うまでもないが、創業の想いや、創業地が持つ特徴をネーミングに反映させることで、ブランドが創出する価値の説明機会が無限の広がりを見せる。これから起業を考えている人が名前を考える際にも参考になるし、現在の自社名にどのような意味付けをするのかを再考して、ブランド戦略の一環にすることができる事例ではないだろうか。ブランド要素(経営資源)はすべて、存在するだけでは意味がなくその存在と価値を認識し、活用して初めて意味がある。繰り返し主張したいくらい大事なことだが、ブランド要素(経営資源)の価値再考は、職種や職級に関係なく誰でもいつでも無料でできる戦略策定への参画方法である。小さな経営課題に悩んでいる暇があったら、ぜひとも今からやっていただきたい。

3　創業の地が辺鄙《へんぴ》でも大切にして存続・発展させる——ピアジェ

ＩＷＣのように地名を社名に直接付けているわけではないが、聖地の産業特性をブランドが創出する価値に紐付けて強調し続けることで、ブランドのコアバリュー創出源として高め続けている事例として、ピアジェを考察する。

スイスの時計工房の多くは、山の中にある。ジュネーヴの街なかや郊外の工業団地にももちろんあるが、ほとんどの企業は発祥の地であるジュラ山脈（Massif du Jura）の麓《ふもと》やジュー渓谷（Vallée de Joux）沿いの山間の町や村にある。まさに地場産業だ。

ピアジェ（Piaget）の旧本社兼ムーブメント工房はスイスとフランスの国境沿いの林道でしか辿り着けない山深いラ・コート・オ・フェ（La Côte-aux-Fées）という村にある。鉄道はなく、ジュネーヴから車で3時間ぐらい掛かる不便な場所である。林道がスイスとフランスの国境を3回ほど越えたと運転手が教えてくれたが、「これよりスイス」「これよりフランス」とか「ラ・コート・オ・フェまで○㎞」という道路標識は一切無く、民家がやっと見えたと思ったらラ・コート・オ・フェであった。

筆者が訪れたのは6月上旬であったが、リラ（ライラック）の花が咲いていた。案内してもらったリシュモン インターナショナル広報担当のドミニク・レンチュ（Dominique Lentsch）が「ジュネーヴでは4月に咲くリラが今頃咲いている」と驚きの声を上げた。筆者も札幌のライラックまつりが5月中旬だったことを思い出し、山奥であることを実感した。村に3基あるスキーリフトのうち、2本はピアジェが造ったとのことで、本当に山の中の町工場、「おらが村の会社」が世界に名を轟かせていることに驚かされた。

　スイスの山間の小さな集落ラ・コート・オ・フェに、1874年、ピアジェは時計工房として設立された。ムーブメント部品のメーカーの時代からマニュファクチュールとして自社ブランドの時計・ジュエリーを製造する現在まで、機械式ムーブメントは一貫してすべてここで作られてきた。現在も当時の社屋をそのまま残し、左右に建て増しをすることで拡張してきた。すぐ近くに、創業者であるジョルジュ＝エドワール・ピアジェ（Georges-Edouard Piaget）の邸宅

図表5-1　ピアジェのマニュファクチュール

山深いラ・コート・オ・フェ

ジュネーヴ郊外プラン・レ・ワット

撮影：長沢伸也

も現存する。このように僻地と言っては失礼だがおよそ利便性が高いとは言い難い土地であるラ・コート・オ・フェは、ピアジェにとってコアバリューとなる技術を創出する唯一無二の地であり、特別な意味を持つ（**図表5－1左**）。

およそ300人の人々が複雑キャリバー（ムーブメントの型式）を始めとする機械式ムーブメントの設計、製造、装飾、組み立てなどを行い、年間約3万個のムーブメントを自社とリシュモングループの他ブランドに供給している。300名のうち、時計師の資格を持つ技術者は約40名いるが、複雑ムーブメントに携わることができるのは、その中でも選りすぐられた者のみである。では、優秀な技術者をどのように確保しているのか。人事担当者は以下のように語っている。

「ピアジェで働く人たちの転職率は非常に低く、欠勤率もわずかです。それはフランス側から通勤する人たちへの配慮もありますが、何よりピアジェの仕事に誇りを持っているからに他ならないのです。ですから、我々が優秀な人材に事欠くことはありません」（ピアジェでの聞き取りによる）

つまり、不便で産業がない土地ゆえに、優秀な人材を集めたり、その定着率が良いというメリットがあるということだ。

なお、ラ・コート・オ・フェで作られたムーブメントは、ジュネーヴ郊外のプラン・レ・ワット（Plan-les-Ouates）のピアジェ・マニュファクチュールで作られたケースに納められる。また、プラン・レ・ワットの本社工場には宝飾部門があり、宝飾品やジュエリーウォッチもここで作られる（**図表5－1右**）。2001年に完成した近代的な社屋は、デザイン、外装設計、機械加工、組み立てなどのセクションが集まっており、ほとんどの工程が工場内で完結する。ムーブメントに続き2つ目の柱となるジュエリー製造では、年間約2万5000個が生産される。コレクションの5～6割が毎年入れ替わり、カラーやサイズを含めると年間100モデル以上もの新作が発表され、それらはすべてプラン・レ・ワットで作られる。

ラ・コート・オ・フェは不便な場所だが、職人気質で仕事を愛する人々がブランド創業の地に集結して、創業者ジョルジュ＝エドワール・ピアジェが掲げた「常に必要以上に良いものを作る」というモットーの下、ひたすら高い質をさらに高めようと努力する姿は、繰り返し強調され、PRにも活用されている。ブランドとゆかりが深い土地に存在し続けるというだけでなく、一つの場所に集積しているからこそ土地という形態のブランド資産として価値を創出している。

本社（社屋）、店舗、製造施設などを持たずに仕組み作りによる価値創出をしているプラットフォーム企業やITベンチャーなど創出可能な差別化要因として土地を活用するという視点で捉えても参考になる。また、土地を持たない企業は持たないことの価値を再認識するか、持つことによるメリットを認識して新たに獲得するきっかけにしてもいいだろう。社会は変化し、消費者の価値観も変化する。電子書籍の台頭による紙の本の存在への危機感は薄れつつあり、やはり物理的な本をめくって読みたいという消費者ニーズが少数ながらも再浮上してきた例に見られるように、土地が持つ価値も変化する可能性がある。何となく現状を維持してファブレス経営を続けるのではなく、経営環境変化に応じて、そのことにどのような意味や価値があるのかを常に考えて必要に応じた変化に備えれば、時代に追いつけず手遅れになることはないだろう。コストゼロでどんな企業にでもできる危機管理対策だ。ピアジェのやり方をそのまま真似よ、ということではなく、土地というブランド要素（経営資源）に対する価値の見出し方、活用方法の考え方を参考にすることを提案したい。ピアジェの例は、生産地移転や外注化をするべきか悩んでいる地場産業や地方に製造拠点を持つ中小企業の参考になるだろう。

4　ブランドとして不利な土地をあえて聖地化する――オフィチーネ　パネライ

創業地がブランド価値構築に有利に働くことを認識し、その点を徹底して強化することで独自のブランドポジション確立に至った時計ブランド、オフィチーネ　パネライ（Officine Panerai）の事例には、創業地がブランド差別化要因として有利に働くのなら、徹底して強化することの効果が示されている。

オフィチーネ　パネライは、本店をフィレンツェに構えるイタリアの時計ブランドである。ただし、デザイン部門を含む本社はミラノ、マニュファクチュール（一貫生産の時計工房）はスイ

図表5-2　オフィチーネ パネライのマニュファクチュール（スイス、ヌーシャテル郊外ピエール・ア・ボット［Pierre-à-Bot］）

外観

正面入り口

撮影：長沢伸也

スのヌーシャテル（Neuchâtel）にある（**図表5－2**）。高級機械式時計ブランドであるが、最高の機械式時計といえばスイスのブランドというのが常識とされる中、イタリアのブランドであるというのは、付加価値になるどころか、マイナスイメージにもなりかねない状況であった。

しかし、1997年からブランド復興プロジェクトを指揮して成功させたことで知られるアンジェロ・ボナーティ（Angelo Bonati）元CEO（**図表5－3**）は、同社のブランド復興プロジェクトを指揮するポジションにスカウトされた際、独自の形状や大きさ、真贋性に加えて、初のイタリアブランドの時計であるという起源、イタリアらしいアイデア、歴史、価値観を持っているところに価値を見出した。そこを強調す

図表5-3　アンジェロ・ボナーティ オフィチーネ パネライ元CEO

れば間違いなく世界に通用するものであると感じて話を受けた。そして、国際市場で強調していく戦略を採った。イタリアでは、他にどこの会社もイタリアらしい時計を作っていくという気概を持っていないことにボナーティは失望していた。しかし、それをバネにし、イタリアは服やアートだけでなく、時計も世界レベルのブランドがあるということを証明したかったという熱意で、イタリアという土地から生まれたブランドであるという点を価値の中心に据えてアピールした。時計業界では不利な土地だったイタリアをあえて聖地化する戦略で唯一無二の価値を築くことに成功したのである（出所2）。

「イタリアブランドである」という土地に根ざした独自性が海外からも認められており、ボナーティは、中国の消費者から支持される理由として、イタリアブランド「らしさ」を挙げている。「中国には2種類の顧客がいる。ブランドの歴史などに興味を示さず、知名度のあるブランドや、金色に輝く商品を買う層と、ブランドに関する知識があり、他にはないものを探し求める層だ。後者が我々の顧客になっている」と、説明している（出所3）。スイスブランドの高級機械式時計は多数あるが、イタリアブランドはパネライだけである。このように、「イタリアブランドである」という土地に根ざした独自性が海外からも認められており、不利な土地の価値を認識し、それを逆手にとって、「唯一無二」の独自価値に変えた。

オフィチーネ パネライ創業の地であるフィレンツェの中心部に位置し、有名なドゥオーモ（大聖堂）に面したパネライの本店ブティックは、歴史を感じさせる風格のある外観と、ドゥオ

図表5-4　オフィチーネ パネライ 本店ブティック（フィレンツェ、サン・ジョヴァンニ広場）

外観

店内

出所：オフィチーネ パネライHPより許可を得て転載

ーモの外壁を飾る幾何学模様を思い起こさせる「ストリアート オリンピコ」大理石の床など、イタリアならではの素材使いを特徴としている。2階には得意客専用のエリアと、同社歴史博物館のタイムピースが一定の期間展示されるエリアもあり、まさに聖地と呼ぶに相応しい（**図表5－4**）。

ラグジュアリーでない一般商品でも、原産国（専門的には原産地効果［Country-of-Origin Effects］という）は重要である。価格以外では差別化できない日用生活品（FMCG）はともかく、ラグジュアリーでは原産国を重視するのは当然のこととしている。本事例に見られるように、一般的には不利と思われている土地が原産国であっても、その土地が持つ独自価値を認識し、プロダクトやブランドに徹底して反映させ、一貫性がある価値を付与するのは不可能ではない。既定路線や常識に囚われず、自社ゆかりの地が持つ潜在力を真剣に考えてみる価値は大いにある。ブランドは、初めから存在するものではなく、真剣に考えて、構築するものなのである。土地は存在するだけだが、人間によって価値を発掘して与えれば、それはブランド価値に化ける可能性は大いにあるだろう。

§5-2　土地を強化・強調する

ラグジュアリーブランドを言い換えると欧州の地場ものづくり企業であることは繰り返し述べてきたが、地場企業であるゆえ、土地の特性とブランドは切っても切り離せない。ひとたび土地の存在とその価値を認識し、強化したら、以後繰り返しあらゆる場面で強調して浸透させる。これは多くのラグジュアリーブランドで行われているブランド戦略の一環である。土地にはそれぞれ異なる特性があり、特性に目をつけて創業しても、事業分野の多角化によって不都合が生じる場合がある。事業分野やプロダクトの特性によっては、創業地が最適な産地ではない場合もある。創業地が最適な生産地でなかった（土地の価値が弱かった）場合、最適な地に移転するか、創業地の特質を最適化（強化）させるという選択肢があり、前節（§5-1　土地の存在と内容を認識する）で紹介したオフィチーネ　パネライのように、後者を選択して成功する事例もある。多角化をしたことで、生産地の強化が必要になった場合には、1カ所ではなく、各事業にとって最適な場所に分散させる方法もある。ラグジュアリーブランドだけでなく、高付加価値で独自価値が高いプロダクトを創出するブランドにとって、生産地は最重要であり、聖地である。言うまでもなく、プロダクトによって質に差があるとブランド価値毀損に直結する。聖地を使い分けるのは高等戦術だが、最適な場所に分散させて最適化（強化）することで、ブランドとして最重要な一貫性を保つことができる。

しかし、土地の価値を強調する際、地方のマイナーな地場産業などでは、その土地の知名度が低くて不利であることが多い。いくらブランド起源にゆかりが深く、ユニークな特性を持つ土地で創業しても、知られていなければ意味がない。聖地は、前述したような分散戦略でも採らない限り、創業地から移したり、他の拠点を作って増やしたりするべきではない理由として、土地が持つ価値を既出の事例で説明した。知られていない土地（聖地、創業地）を知らせるだけでなく、価値を上げる手段の一つに、旗艦店の活用が挙げられる。日本の地方地場産業が、銀座や青山などのブランド地に旗艦店を作って知名度やブランドイメージ向上に繋げるのはよくあることだ。例えば、放っておくと誰も知らない聖地を、旗艦店を使って広めることになり、価値を強化、強調することができる。誰も知らない土地を知らしめ、普通の顧客しか来なかったのを、高級な場所やお洒落な場所に旗艦店を出すことで、高級な顧客やお洒落な顧客にアクセスが可能になる。そうして獲得した高級な顧客やお洒落な顧客が聖地（創業地）を訪れれば「辺鄙な場所にある創業地」が「銀座や青山の感度が高く、豊かな顧客がわざわざ訪れる地」に昇格し、土地の強化、強調に繋がる。歴史も同様だが、土地も存在するだけでは意味がなく、その存在と価値を認識して、強化して価値を高め、強調して広めることで初めてブランド要素（経営資源）として生きた価値を持つようになる。これから紹介する事例が、その事実を示している。

1　土地（生産地）を最適な場所に分散させ価値を強化する——モンブラン

最初に紹介するモンブラン（Montblanc）は、創業地にあえて拘らず、プロダクト分野別に最適な生産地を選択肢する「生産地の最適化」を実行してブランド価値向上に繋げた事例だ。

２００４年から２０１３年までモンブランＣＥＯを務めたルッツ・ベートゲ（Lutz Bethge）は、モンブランのＤＮＡについて筆記具製造はドイツ、時計製造はスイス（２拠点）、ジュエリーのデザインはフランス、そしてレザー製品の製造はイタリアに拠点を置く国際的なブランドだと説明している。いずれの分野も、各国のお家芸と言っても過言ではない。ブランドの本拠地、生誕地（モンブランの場合はドイツ）に集結させてブランドＤＮＡを強調するやり方もあるが、あえてそうせず各分野を最も得意とする国に本拠地を分散させて質を高めるやり方をとっているところが特徴的である。拠点も事業も分かれてはいるものの、必要に応じてハンブルクの職人とパリのジュエリーデザイナーが連携したり、ノウハウのシェアをしたりすることもあり、ブランド全体がチームとして一体感を持って運営されているのは間違いない。

取材で同社のハンブルク本社を訪れた記者は、到達目標は明確にされ、役割別に分業が行われていながらもチームが団結してものづくりへの情熱を共有しており、技術者たちが醸し出す家族的な雰囲気が印象的だったと語っている。万年筆製造をする技術者たちの中には勤続20年や35年を超える者もいる。精緻なものづくりで最高品質のものを生み出すための施設や組織構造とノウハウ、その仕組みから生み出されるものづくりへの情熱と、注文数から弾き出された必要最低数に抑えた生産量などが、同社成功の秘訣の大きな要因の一つであろうと分析する（出所4）。

現在は筆記具だけでなく、時計やアクセサリーまで扱うモンブランを、2013年（～17年）にCEOに就任したジェローム・ランベール（Jérôme Lambert）はライフスタイルブランドだと説明している。一方で、筆記具ブランドが片手間にやっているレベルではないことを感じた記者は、時計事業はまるで独立した一つの別会社のようだと驚きを隠さない。

2013年度の時点で、すでに売上高の6割弱は腕時計、フレグランス、革製品などが占めるほどに成長し、年次報告書には「万年筆はもはや中核事業とは言えない」と記された。このように事業領域が拡大すると、ブランド哲学は組織内にうまく浸透せず、質の低下などが問題となることがある。ランベールは「ブランドが持つ潜在性を最大限に発揮して、最高のチームワークで生産性と質が上がるようにマネジメントする」ことと「（時計や筆記具など既存のモノの使用を通して）顧客が今までにしたことのない体験からくる感動を提供すること」が自分のミッションであるという自負のもと、生産地の最適化をはじめ、数々の成果をあげた。モンブラン以前のジャガー・ルクルトでの活躍やモンブランでの功績も認められて、リシュモングループが2017年3月に廃止した最高経営責任者（CEO）の役職を復活させ、2017年より務めていた最高執行責任者（COO）からグループCEOに昇進したことが成果の大きさを物語っている

（出所5）。このように、プロダクト分野に応じて最適な生産地を選択する「土地の強化」は高等戦術ではあるが有効な手段であることが示されている事例だ。

前述の生産地は、特別な時に訪問し、普段は心の中にある聖地のような存在であるのに対し、店舗は日常的に訪問する神殿のような存在である。信心深い参拝者が多く訪れることで知られる一等地に神殿（店舗）を構えることは、業界内の地位を表明するのと同様の意味を持つと言っても言いすぎではない。繁華街には、繁華街を訪れるような顧客が集まり、一等地には一等地で一流品を求めに来る顧客、一流品を身につけ、価値を理解している顧客が集まる。

2　旗艦店を使って聖地の強化・強調をする——ピアジェ

立地条件が悪いなどの理由で、知られないままになっている土地（聖地）は、旗艦店を使って価値を強化・強調することができる。誰も知らないのを知らしめることもできるし、聖地にとどまっていては絶対に獲得できなかったような新規顧客層を獲得することができる。一般的にお洒落な顧客や裕福な顧客を持っていると、ブランドイメージが上がる。銀座や青山に旗艦店を出せば、銀座や青山に買い物に来るような顧客を獲得することが可能になる。逆に、銀座や青山に店舗がないのに全国区で広告を出しても、訪れる場所が整備されていなければ意味がない。存在を知らせて、知らせたら、来られる状況を作るということが重要で、それを実現してくれるのが、都市部での旗艦店出店だ（**図表5－5**）。

ピアジェ（Piaget）元CEOフィリップ・レオポルド＝メッツガー（Philippe Léopold-Metzger）は、この業界で自分たちが比較的新参者であるとの認識を持っており、1959年に最初のブティックをジュネーヴにオープンしたことに大きな意味を見出している。1959年の店舗オープンに際して、商品ディスプレイの配置や内容について激論が交わされ、競合の高級ショールームが大きなショーケースにたくさんの時計を展示していたのと真逆のスタイルで、小さなケースに限られた数の時計しか置かない戦略を採用した（出所6）。

ヴァランタン・ピアジェ（Valentin Piaget）が出した、「新しいものを求めながら常に

図表5-5　ピアジェ ブティック（ジュネーヴ［Genève］、ローヌ通り［Rue du Rhône］）

撮影：長沢伸也

論理に従う時計作りの実践哲学を踏襲する」方針に基づくこのやり方は、サービスにも反映された。

店内に宝石や時計は見当たらず、他社と違うショーウィンドウに惹かれて店内に入った顧客を礼儀正しく迎え、ピアジェ特注の美味しいコーヒーと、ジュネーヴ最高と言われるチョコレートでもてなして、店内に配されたエレガントな小テーブル（引き出しの中に時計や宝石が展示されている）を目の前にカタログを広げて案内する。この接客戦略は結果としてセールスに繋がった。

最新設備を取り入れ、新型キャリバー（ムーブメントの型式）で高度な技術を商品に体現してはいたがピアジェにはイメージ戦略が欠けていたという。この不足要素を店舗や接客に具現化したことが、１９６０年代の大きな飛躍の下地となった（出所７）。

技術力では名を馳せていたものの、当時は他の一流ブランドと肩を並べるような企業体にはなっていなかった。それでも、１９５７年のカタログで「贅沢と正確性（Luxe et Precision）」のロゴの横に、「ピアジェ、世界のエリートの時計」と将来の姿を示唆する重要なメッセージを打ち出している。

大手と同じ価格をつけて批判されても構わず、ジュネーヴの一等地にショールームをオープンさせたことで、女優や銀行家、国連幹部など国際的なエリート層が足繁く通うようになった（出所８）。創業地ではないが、スイス時計ブランドにとっての聖地であるジュネーヴに神殿、つまり旗艦店を構えるべき場所と認識して意味を見出し、ブランドにとって大事なイメージ作りの源として活用した事例である。

なお、ずっと時代が下って、ピアジェはジュネーヴ郊外のプラン・レ・ワットに新工場を建てることになる。その後も事業は拡大し全世界に取り扱い店が広がった（当時で91店舗）。この店舗展開については、3分の2を直営店とし、拡大するにしても年間10店舗程度のオープンに留めて質を保つべきであるとメッツガー元CEOは主張している。

ラグジュアリーはもちろんのこと、絶対価値を提供しているブランドには、信者と言っていいくらいに熱狂的なファンがいる。信者には、創業の地や主力生産地など、巡礼する聖地が必要であり、日常的に参拝する神殿としての店舗や大聖堂としての旗艦店が重要である。多くの日本人は事あるごとに神社仏閣を訪れる習慣が根付いているので、星の数ほど存在するインターネット店舗が検索されず（存在を認識されず）、不毛な投資に終わる可能性も高いのに対し、巡礼できる聖地を作れば、ファンが訪問し、ものが売れる可能性が高い。

実際に、地場企業が都心の一等地に旗艦店を構え、熱狂的なファンが巡礼できる場所としてアピールし、メディアに取り上げられる例も増えてきた。例えば鎚起銅器《ついきどうき》の新潟県燕市の玉川堂《ぎょくせんどう》は、銀座エリア最大の商業施設「GINZA SIX」に出店した。2017年4月のグランドオープン時には安倍晋三首相（当時）が視察に来店し、ニュースになった（出所9、10）。一等地への旗艦店出店は、分不相応で利益が出なくても投資と考えればよい。投資と考えて良い場所に旗艦店を出すのは、単純な戦略だが立地がもたらす不利益を相殺し、それ以上の価値をもたらしてくれることがある。

§5-3　土地を伸張する

創業地や聖地は、ブランド哲学や世界観を土地で表現しているようなもので、ただ存在するだけでなく、ファンまたは信者が巡礼できる状態になっている必要がある。一般信者（顧客）が巡礼する土地の代表例は店舗、中でも旗艦店であることは前節でも述べた。

旗艦店に加えて創業地、本社がある土地を活用してブランド価値伸張をする方法として製造現場の活用が挙げられる。一般日用生活品（FMCG）ブランドでも製造現場を公開している例もあるが、土地に対する価値認識が異なり（「§1-2　日用生活品とラグジュアリーのブランドの構成要素の違い」を参照）、ブランドの構成要素として土地の存在はほとんど無視されている。一方で、ラグジュアリーブランドでは土地が創出する価値を重視した戦略を採っている。IWCシャフハウゼン（IWC Schaffhausen）は、生産地に様々な手法で特別な意味を付与して、ただの製造現場を聖地化するという土地の価値伸張を行っている。その事例を紹介する。

1　生産地に特別な意味を持たせて聖地化する――ＩＷＣシャフハウゼン

企業活動は利益を出さなくてはならないが、経済合理性を重視するあまり、重要なブランド要素（経営資源）の価値を捨て去り、結果としてブランド価値の低下を招いては元も子もない。成功しているラグジュアリーブランドはそれをよく理解している。土地も重要なブランド要素（経営資源）の一つで、その価値をただ存在させるだけでなく、聖地化して価値を高め、活用している。

「土地を活用して（ブランドを）存在させる、作る」機能に加えて「見せる」ことで価値を伸張させるやり方は日本の自動車産業を参考にした最新鋭の工場とオープンな見学受け入れでブランド理念と技術力をアピールしているＩＷＣシャフハウゼンの事例に見られる。

製造現場を取引先や一般顧客に公開する工場見学や工場ツアーはもはやトレンドというより標準化している。高級機械式時計の業界では標準とは言えないものの、各ブランドが門戸を開きつつある。利便性や集客のために創業地やブランドの聖地とは異なるアクセスが良い場所に施設を移す場合もあるが、２０１８年８月に全製造部門を集約させた工場をオープンしたＩＷＣシャフハウゼンの場合は、創業の地シャフハウゼンにこだわっている。17年からCEOを務めるクリストフ・グランジェ＝ヘア（Christoph Grainger-Herr）はCNNのインタビューで「時計ブランドはほとんどスイスの西部に工場を構えているのに、なぜシャフハウゼン（北東部）なのか？」との問いに、「我々はどちらかというとアルティザンが作るような芸術寄りのアプローチではなく、問題解決型のエンジニアリング的なアプローチで時計を作っており、電車や車の製造が行われているこの地のほうがしっくりくるし、自動車業界やエンジニアリング業界からもたくさん雇っているので、人材雇用の面でも都合がよい」と、説明している。古くから精密加工技術が発達していたシャフハウゼンの街に対する並々ならぬ誇りは、ブランド名に「ＩＷＣシャフハウゼン」と街の名を掲げているところにも表れている（§５-１ 土地の存在と内容を認識する）。ＩＷＣシャフハウゼンがこの地で発展することは街の発展にも繋がり、19年に落成した新工場は、その大きな足掛かりなのだと語る。このように、土地を使って「創業の想い」を表している点が同社による土地を活用した価値伸張戦略における１つ目の特徴だ。

２つ目の特徴は、見せ方に工夫をして、ただの製造場所に付加価値を与え、訪れる人の感情に訴えかけている点だ。手工業的なアルティザン技術よりも、エンジニアリング的な精密加工技術が発達しているこの地域は、同社のものづくりアプローチと関連性が高い。創業地でありブランド名にも入っているシャフハウゼンの地で、アルティザンよりもエンジニアリング寄りのアプローチでものづくりをする企業であるというブランドＤＮＡを包み隠さず見せている（出所11）。これ以上明確にブランドＤＮＡを可視化する方法は、他にあまりないだろう。すべてを見せることでブランドＤＮＡを明確にする。見られて困るようなことや恥ずかしい仕事は一切していないので見られることに何ら問題はないどころか、自分たちが創出している価値が伝わるはずだと言い切るCEOの姿勢も明確だ。また、地球環境にも配慮した作りになっており、同社の理念が余すことなく反映されている。

3つ目の特徴は、直接的には顧客より社内の方向を向いた付加価値の与え方だ。かつてはシャフハウゼン駅近くにある本社に加え、隣町ノイハウゼン（Neuhausen）の製造拠点など複数の場所に散在していた。新工場では、本社以外の製造部門を1カ所に集約し、業務や生産効率、部門間のコミュニケーション効果アップを狙っている。建物の美的な面から、業務の流れも含めた空間の設計を社内を知り尽くした建築家のCEO自ら行うことができる企業は他にないだろう。業務、生産効率、社内コミュニケーションの改善が製造の質に良い影響を与えないわけがない。このように、従業員視点による土地の価値伸張も、結果的には顧客に新たな価値をもたらす。

4つ目の特徴は、一般的には隠す製造技術や過程を逆に見せることで、見学者の信頼を獲得し、興味を喚起する場にしている点だ。コロナ禍で計画は変更された可能性もあるが、年間で1万人の見学者を受け入れる予定だというこの工場見学は、一般ユーザーに向けても製造工程のほぼすべてを開示する。全面にガラスを巡らせた開放的な作りがその態度を示しているかのようだ。工場内はすべて白とグレー、ブラックに統一されており、床はグレーと白に塗り分け、見学ゾーンと立ち入り禁止ゾーンとを明確にしている。見学者が通る廊下の床には、部門ごとに作業の割り振り説明が記されている。また、壁やキャビネットには、そこで作られる部品も展示されている。日本の工場見学では当たり前の風景だが、欧州ではまずお目にかからない。ポルシェからメルセデス、フォルクスワーゲンまで、見学できるドイツの自動車メーカーをすべて見たというクリストフCEOだが、こうした見学者への配慮や工場見学を積極的に受け入れる方法論は日本の自動車メーカーを参考にしたという（出所12、13）。また、かつては場所を移動しなくてはならず、見学者の理解や思考が分断されてしまうのをどうにか解決したいと考えており、1カ所にすべての製造プロセスが集約されていることで、見学者の理解が進むことも大きな狙いの一つだと説明する。このようにして、ブランド理念と技術力を製造現場の形で象徴し、アピールすることでプロダクトを超えたブランド価値伸張を行っている。

このような工場を建てたのは建築家出身のクリストフCEOだ。彼が設計したというのが他のブランドとは異なる。クリストフCEOは元々建築事務所で働いていた。前任者のジョージ・カーン（Georges Kern）元CEOの指揮のもと、IWCシャフハウゼン直営のブティックが各地でオープンした際に、インテリア設計も手掛ける建築家として店舗デザインに大きく貢献した手腕を買われて2006年、同社に入社した。IWCシャフハウゼンを世界的なブランドへと発展させた上司のカーン前CEOは、ラグジュアリー製品は感性プロダクト（情緒価値が機能価値を上回るプロダクト）に他ならないと度々主張しており（出所14）、クリストフCEOもその流れを汲んで人の感情に訴えるアプローチを重要視した戦略を採っている。工場の構造はもとより、オープンな見学受け入れ体制はまさしく感情にアプローチする価値創造の手法であると言える。

「聖地に立派な工場を建てる」とか「オープンにする」という表面的な手法ではなく、製造現場というハードを使って、様々な情緒価値を創出するこの手法は、ファブレス企業にはできない芸当である。プロダクトだけでなく、製造現場や製造過程も経営資源として新たな価値を見出した例であり、自社工場を持つ企業には見倣うべき点が多い。

英国を代表するブランドのバーバリー（Burberry）は、かつてコアプロダクトのトレンチコート生産工場を英国から海外に移したことがある。結果、ブランドDNAである英国らしさを失ったというイメージを持たれてブランドイメージと価値が下がってしまった。そこで、2006年CEOに就任したアンジェラ・アーレンツ（Angela Ahrendts）の指揮下、ブランドのヘリテージである英国らしさを強化し、その価値を伝える方向に舵を切った（出所15）。大きく成果を上げた戦略の一つが、英国に製造拠点を戻したことである。英国を拠点とする企業や工場に投資して、再び人気を取り戻した。「何を」作っているのかだけでなく、「どこで」作っているのかを、ブランドアイデンティティを形成する要素として消費者が重視していることがわかる。

日本でも自動車やビール、お菓子、飲料工場などの見学は昔から一般的であるが、あくまで製造工程を見せたり、試乗や試食などを通して親しみを感じてもらう性質の施設が多い。古くからの歴史ある施設を見せてその歴史や創業哲学、提供している価値を広めるよりも、最新鋭の機械や製造方法などを見せて、驚きや親しみといった感情を引き起こすのが主目的である場合が多いだろう。日常生活で馴染み深いブランドの製造工程を見せて、「よくわかって親しみの気持ちが湧いた」というような感想を持たせるような場になっている。日本が、というよりは、一般的な価格帯ブランドの製造現場見学は、心理的距離を近づけるタイプのものが多い。

一方で、本節で取り上げたＩＷＣシャフハウゼンのようにラグジュアリーブランドの製造施設の場合、ただブランドを知ってもらうだけでなく、場所や見せ方にもこだわり抜くことで巡礼者の感情に訴えかけ、尊敬や憧れを喚起し、訪れた人の心の中のブランドポジショニングを上げるような設計になっている。ブランドが提供する価値によって、どちらが適しているのかは異なるが、高い付加価値を提供することで、強い顧客ロイヤリティを醸造しているラグジュアリーブランドが何にどのような理由でこだわって、見せる仕組みを作ったのかを示したのが本事例だ。自社の工場（製造現場）見学をどう変えて、どのような価値を新たに提供することができるのか、工場見学大国の日本企業が一斉に考えて変革すれば、大きな革新に繋がるかもしれない。

日本は製造業大国であり、ホスピタリティ大国でもある。日本のお家芸とも言えるこの２つを組み合わせて新たな価値が生まれる可能性は大いにある。ただ作るだけ、ただ見せるだけの工場、工場見学を、新たな価値創造の場に伸長させた本事例はＩＷＣシャフハウゼンのような業界最高峰ブランドがベンチマークするほどの製造現場を多数創出してきた日本の製造業界が参考にすべき点が多くあり、宝の山に見えるし、そのような見方で自社の製造現場のあり方の可能性を検討していただきたい。最新鋭の設備にしなくても、見せるもの、見せ方を変えるだけでも、新たな価値が生まれるはずだ。

日本でも、地場企業があえて不便な地元本拠地に見学施設や旗艦店や飲食施設などを併設して構え、熱狂的なファンが巡礼できる場所としてアピールし、メディアに取り上げられる例も増えてきた。例えば新潟県三条市のスノーピーク本社にはキャンプ場が併設されており、ファンのみならず一般にも「聖地」としてよく知られている（出所16、17）。また、富山県高岡市の能作は、見学施設だけでなく地場特産食材による料理を提供する飲食施設も併設している（出所18、19）。多くの地場企業はただの土地を聖地化できる可能性を秘めており、やらないのはもったいない。一等地への旗艦店出店は費用的に大変でも、地元なら地価も安いので少なくとも土地代はかからない。

出所1　戸越銀座商店街について（https://togoshiginza.jp/about）
出所2　Angelo Bonati.（2015）*Panerai*, Marsilio, Venezia.
出所3　「（ブランド研究）（43）オフィチーネ　パネライ　大きな腕時計（連載）」『読売新聞』２０１０年４月22日（東京朝刊、21面）
出所4　"Montblanc, the DNA of a true luxury brand," September 20, 2012, CPP-LUXURY https://cpp-luxury.com/montblanc-the-dna-of-a-true-luxury-brand/
出所5　William S. Lerner, "Conversation with Jerome Lambert, New CEO of Montblanc," December 17, 2013 https://www.ablogtowatch.com/conversation-jerome-lambert-ceo-montblanc/ および出所４のU

RL

出所6　フランコ・コローニ著、米沢悦子訳『ピアジェ〝時を刻む芸術品〟』平和堂貿易、1996年、51－52頁

出所7　“PIAGET CEO: ‘The DNA of our brand is at the heart of all our products’,” February 16, 2014, CPP-LUXURY https://cpp-luxury.com/piaget-ceo-the-dna-of-our-brand-is-at-the-heart-of-all-our-products/

出所8　フランコ・コローニ、前掲書、50－51頁

出所9　長沢伸也編『老舗ものづくり企業のブランディング――鎚起銅器・玉川堂、香老舗松栄堂、京唐紙・唐長、甲州印伝・印傳屋上原勇七』同友館、2020年

出所10　長沢伸也・川村亮太著『地場伝統企業のものづくりブランディング――玉川堂、勝沼醸造、白鳳堂、能作はなぜ成長し続けるのか』晃洋書房、2020年

出所11　“Luxury watchmaker IWC shows continued commitment to Schaffhausen,” https://www.youtube.com/cqIv3VBjxd4

出所12　「【IWCの工房へ行ってきた!!】全製造部門を集約した「見せる前提」の新ウォッチ工場とは?」『時計Begin』2019年1月24日　https://www.tokeibegin.jp/feature/18232/

出所13　Stephen Pulvirent “Inside The Manufacture The New IWC Manufakturzentrum”, August 28, 2018 https://www.hodinkee.com/articles/iwc-manufakturzentrum-opening-tour

出所14　“Georges Kern, IWC（2011 WORLD.MINDS）,”WORLD.MINDS (YouTube) https://www.youtube.com/watch?v=IOGlRNrdHQs

出所15　Angela Ahrendts（2013）“How I did it: Burberry's CEO on turning an aging British icon into a global luxury brand,” *Harvard Business Review*: 39-42.

出所16　長沢伸也編著『アミューズメントの感性マーケティング――早稲田大学ビジネススクール講義録～エポック社社長、スノーピーク社長、松竹副社長が語る』同友館、2015年

出所17　長沢伸也・西村修著『地場産業の高価格ブランド戦略――朝日酒造・スノーピーク・ゼニス・ウブロに見る感性価値創造』晃洋書房、2015年

出所18　長沢伸也編『伝統的工芸品ブランドの感性マーケティング――富山・能作の鋳物、京都・吉岡甚商店の京鹿の子絞、京都・とみや織物の西陣織、広島・白鳳堂の化粧筆』同友館、2019年

出所19　長沢・川村、前掲書

Chapter 6

人物による情熱とこだわりの発現

どんな企業やブランドにも、貢献の大きい人物つまり偉人（hero）がいる。創業者、職人、技術者、デザイナーといった人物が情熱（passion）とこだわり（elaboration）をもって会社を興したり、卓越した製品をつくっている。その製品をアピールするのは当たり前だが、貢献した人物をアピールすることで、目には見えない彼らの情熱とこだわりを発現させようという趣旨である。

このうち、創業者と「自社生え抜き」の職人、技術者、デザイナーは、先天的かつブランド固有で、後から人為的には変更できない。スカウトや引き抜き、途中入社により技術者や契約制の外部デザイナーを雇うことは可能であるものの、そのブランドで活躍することが大前提である。プロ野球やサッカーのチームで、他チームから高い移籍料で獲得した名選手が移籍後は期待外れでは何にもならないのと同様だ。したがって、そのブランドに限定されるという意味では他社が真似ることは不可能であり、模倣困難性が高いのでブランド要素（経営資源）になり得る。

人物でも、顧客が歴史上の人物である場合は本書では「歴史」としている。また顧客から「セレブかどうか」ではなく、顧客から「どのようなレベルが要求または想定されたか」と、「誰がそれにどう応えて、応えた結果として得たものを企業資産に変えていったのか」という面に着目したい。このような視点で見れば、派手なセレブ顧客がいない企業でも参考にすることができるであろう。特に、日本人は一般人でも消費者の要求レベルが高い。ラグジュアリーブランドが海外に進出する際、日本の顧客を満足させられるレベルのものづくりやサービスができれば、他の国でも通用することから、海外進出の足掛かりにしているくらいだ。ラグジュアリー製品の全世界での売上に日本が占める割合は低下しているものの、これは今でも変わらない。

本章で紹介する事例に登場する「人物」は創業者や、作り手である職人、技術者、デザイナーといった主に社内の人物が中心だ。しかし、社内の人物は世間的には無名だとか身近な同僚だということで、内部の人間にとってはあまりにも当たり前すぎて改めて認識する対象にはなりにくく、埋もれがちである。また、店舗での接客や仕入れ部門のスタッフなども重要である。俗に言う「カリスマ店員」や「カリスマバイヤー」だ。市場シェアよりも顧客のマインドシェアを獲得する時代、特に規模の追求が向かない市場や企業にとっては、人物から派生する付加価値を活用する力は必須であるし、高品質な商品の創出は日本企業の牙城だが、創出した価値をブランド価値、経済的価値に転換するという点については改善の余地が大いにある。

特に老舗ものづくり企業や伝統的工芸品企業には、工芸技術部門の人間国宝（文部科学大臣が指定した重要無形文化財保持者）、伝統工芸士（経済産業大臣指定伝統的工芸品の製造に従事する技術者の中から高度の技術・技法を保持すると一般財団法人伝統的工芸品産業振興協会が認定する人）、現代の名工（卓越した技能者表彰制度に基づき、厚生労働大臣によって表彰された卓越した技能者）、技能五輪国際大会や技能五輪全国大会のメダリストや入賞者など、俗に「名人」「カリスマ」と呼ばれる技術者を有しながら、そのことがまったく知られず、ブランド力に生かされていない例があまりにも多く、もったいない。

本章で紹介する事例を参考にして、自社に新たな価値をもたらしてくれるどのような人物がいて、どう活用できる可能性があるのか考えるきっかけにしていただきたい。

§6-1 人物の存在と内容を認識する

ラグジュアリーブランドに限った話ではなく、こだわりのブランドには必ず伝説的な人物が存在する。創業者、職人、技術者、デザイナー、経営者、プロダクト創出のきっかけや理由をつくった顧客、有名人、文化人など。ブランド側と使い手（顧客）双方の情熱とこだわりによってプロダクトが創出され、ブランドの歴史や技術として蓄積され、それがブランドの特徴として資産化されていく。創出も大事だが、企業としては創出後の継承と発展マネジメントをより重視したい。プロダクトにまつわるストーリーの存在と内容や、その背景にある創出者の哲学を認識し、共有できる状態をつくるところから、未来の発展に向けたマネジメントが始まる。

1 創業者のこだわりを可視化してアピールの手段に使う――アライア

本書で主に紹介している事例はリシュモングループの得意分野で高い利益率を上げている宝飾や時計のブランドだが、一方でファッションブランドは顔ぶれを入れ替えているものの、宝飾や時計ブランドほど良い成果は残せていない。売却したファッションブランドもある中、2007年から傘下入りして、創業デザイナーが亡くなった17年以降も引き続き傘下にとどめて長期的視点で継承、ブランド育成を続けているのがアライア（Alaïa）だ。創業デザイナーであり起業家でもあるアズディン・アライア（Azzedine Alaïa）の存在そのものがブランドの歴史であり、特徴となっている。アライア発展と継承の経緯は、本来「§6-3 人物を伸張する」の節で紹介してもよい内容だが、人物の存在と内容を認識するに至った過程も伸張の土台として興味深い内容なので、本節で扱うこととする。

本書の読者層でアライアを聞いたことがあり、かつ説明できる人はかなりのファッションやブランド通だろう。1980年代に一世を風靡した「ボディ・コンシャス」の生みの親であるが、「ボディコン」は有名でも、彼の名はそれほど一般的には知られていない。

　そのようなファッションブランドで、リシュモングループ全体の売上の数%程度（個別業績は非公開）で、創業デザイナーの死去にもかかわらず、なぜいつまでも傘下に入っているのか不思議に思えるが、紐解いてみるとリシュモンらしい理由を見出すことができた。

　それは、アライアが生み出したデザイン価値の悠久性（タイムレスネス［timelessness］）にあると推察される（**図表6－1**）。リシュモングループ傘下ブランドの中で時計や宝飾ブランドと比較すると、ファッションブ

図表6-1　アライアにおけるデザイナーの哲学をブランド要素化（経営資源化）**するプロセス**

デザイナー死去

↓

生存中の功績や作品のアーカイブを展示で讃え、価値を昇華

↓

既製服、革小物製品などで価値をビジネス化

出所：筆者作成

ランドがうまくいっているとは言えず、過去にもシャンハイ・タン（Shanghai Tang：上海灘）やランセル（Lancel）など、いくつかのブランドを手放している。売却したブランドが創出しているブランドの価値を考察してみると、あくまで主観になってしまうが、価値の永続性や悠久性が低いように見受けられる。一方で、アライアがファッションに表現している価値は、リシュモン傘下の機械式時計やジュエリー製作と共通点が見られ、流行性に価値の主眼が置かれることが多いファッションと対極を成す。

悠久性が高い価値は、創出者亡き後も継承して発展させることができるし、その価値がある。時計のマニュファクチュールのように、アライアは、デザインはもちろんのこと、パターン作り、カッティング、フィッティング、仕上げまですべて一人（助手は存在する）で行うことができた。このような職人技によって紡ぎ出される価値はどのようなテクノロジーをもってしても代替することができず、永続的な価値があるものだと言っていいだろう。

技術的な価値の永続性に加えて、デザイン面でも普遍的な価値を創出しているのがアライアの特徴だ。アライアは、女性の体の美しいラインを自然に強調するためのデザインを創出した。ただ締め付けるだけでない、アライアが生み出したボディ・コンシャスの新しい考え方は、メディア、モデル、セレブリティから絶大な支持を受けて一大ブームを巻き起こした。

1982年にプレタポルテコレクションをスタートし、ニューヨークでもショーを行った。デザイン上の理由ではなく、哲学を体現したことで出来上がった作品は、それまでのクチュリエには見られなかったもので、初期はニットとリトルブラックドレスが中心だったが、次第に実験的な素材を使うようになった。それはロングでタイトなスカートの裾部分に施された英国式の刺繍、派手なジャケットの裏地、デコルテを見せる深いVのデザインなどであった。

さらに、使われている素材が革だというのも斬新さ、ユニークさを加える要因となった。穴を開けたり、レースの装飾を施すなどした革を使って、レースやビスチェ（bustier：肩ひもがなく丈の長いブラジャー型の下着）、ベルトやコルセットとして登場した。1シーズン限りではないデザイナーの哲学に裏打ちされたこれらの作品は、ブランドの基本的スタイルとなって独自のポジションを獲得するに至った（出所1、2）。

自身も「私の服はタイムレスだと言える」と語り、トレンドには見向きもせず、ファッション業界の（早すぎる）サイクルにも乗らず、独自のクリエイションを独自のペースでやり続けた。

このような価値の源はどこからどのように生まれたのだろうか。アライアはチュニジアのチュニスで、貧しい小麦農家に生まれた。地元の国立美術学校で彫刻を学びながら、仕立屋でパリの有名メゾンが作るドレスを模倣した商品を作り始めたが彫刻の才能に自信が持てず、卒業後パリに移る。そこで本場のオートクチュールのアトリエで働いて培った高度な技術がこのような価値の創出を可能にした。

アライアが亡くなった翌年の2018年を皮切りに、タイムレスで唯一無二の独自性を持つアライアの功績を讃えるための展示会がパリを皮切りにソウル、ロンドン、ミラノなどで巡回して行われた。加えて、アライアが作品とアーカイブを保存、展示活動をする目的で生前にパートナーと創設したアズディン・アライア財団（Azzedine Alaia Foundation）はフランス政府から20年3月正式に財団として認められた。フランスで財団認定を受けることは、美術館と同等のステイタスであるという（出所3）。

アライアとは友人でもあったリシュモンCEOからの深い理解と支援もあってその功績はファッションから芸術へと昇華した。18年には、リシュモン傘下のオンライン流通であるユークス ネッタポルテと提携して同ブランド初のECサイトを開設して既製服や鞄、靴、革小物製品を中心に販売を行っている。

ファッションと言っても、工業製品寄りの既成服ではなく、芸術性の高いオートクチュール寄りの起源を持つデザイナー、アズディン・アライアの哲学やこだわりを展示したことの意義は2つある。図表6-1に示すように、1つ目は社内における経営資源としての価値の確認である。「こだわりの創業デザイナーの遺品」ではなく「永続性、普遍性があるデザインや技術の源」として見ることで、「ファッションに革新をもたらしたデザイナーの遺作陳列」で終わらせることなく、継承して価値をビジネス化（既成服や革小物の製造・販売）へと昇華させるための基盤となった。2つ目は、対外的な価値認識の機会としての意義だ。亡くなって10年や20年経過してから、「没後○年記念」のような形で過去の功績を称える展示会はよくあるが、亡くなった直後に展示会で作品をアーカイブ化し、創業デザイナーのデザイン哲学であった「タイムレスな価値」を見せることに意義がある。時間の経過とともに価値が薄れないということを間を空けずに示し、継承されても古くならないことを展示会の形で消費者に訴求した。

創業デザイナーのこだわりから生まれた価値を世の中に再認識させ、次の世代に経営資源として継承させたこの事例は、後継者問題に悩むファッションブランドはもとより、カリスマ的創業者、クリエイター、技術者がもたらす価値の継承に悩むあらゆる企業にとって参考にできる点があるはずだ。

§6-2 人物を強化・強調する

ブランド価値を作るのはプロダクトだけでなく、携わる人物であることは間違いない。人物の才能や特徴を引き出す人物強化や、才能を生かせる場を与えて、活躍させる人物強調は、ブランド価値を上げる一手段になる。本節で紹介する事例は一般的なブランド戦略や企業解説本では「人材・組織戦略」のような分類になるかもしれないが、冒頭で述べたように本書の趣旨に沿って解釈することから本節で扱う。

ラグジュアリーブランドで働く重要人物と聞くと、初めから突出した才能に恵まれている人物や、すでにキャリアを積み、高いスキルを有している人物にしか門戸が開かれていない、敷居が高そうだ、というのが一般的なイメージであろう。実際にそのような方針で人材採用、マネジメントをしているラグジュアリーブランドも多いが、親会社のリシュモン本体はもとより、傘下ブランドも「宝石の原石」を見出して磨くことに積極的で、その努力が報われている事例を紹介する。

1　技術者・職人の情熱とスキルをブランド価値に転換する

――IWCシャフハウゼン

最近はビジネス誌やビジネス書、テレビ番組などでヒット商品創出に貢献した裏方が脚光を浴びる機会もだいぶ増えて来た。それでも、日本企業、特に中小企業ではまだまだ技術者や職人に、主役を張れる表舞台を積極的に用意する風潮は広まっていない。ヒット商品や突出した名作は、最初から見込みがあって開発に着手するわけではないものも多数ある。化粧品のポーラで大ヒットした2017年発売のシワを改善する薬用化粧品『リンクルショット メディカル セラム』の研究開発チームは、15年間社内で冷たい視線を浴びながら執念で開発を続けて販売、ヒットにこぎつけたという(出所4)。「苦節○年の開発物語」は、最終的にヒット商品が生まれればPRツールに使えるが、そもそもすごいものを作ろうとする職人や技術者の情熱やスキルを発揮できる場や雰囲気を作ることができなければ、潰れてしまう可能性もある。卓越したプロダクトであれば「苦節○年の開発物語」がなくてもその価値を消費者に伝えることは可能だ。本項では、技術者の潜在可能性を見出して、メンター、親友、師弟関係などの形態構築で才能と情熱を強化し、ブランド価値に具現化することに成功した事例を紹介する。

ＩＷＣシャフハウゼン（IWC Schaffhausen）には、時計に肖像が刻まれている技術者クルト・クラウス（Kurt Klaus）がいる。クラウスが同社に入社してから伝説の技術者にまで高めたのは３人の人物である。１人目は才能発掘者のアルバート・ペラトン（Albert Pellaton）。２人目は、ＩＷＣの歴史や伝統に焦点を当てた戦略を推し進め、高品質の機械式時計の復活を牽引し、クラウスの才能と情熱の良き理解者のギュンター・ブリュームライン（Günter Blümlein）。そして３人目は、表舞台に出してスポットを浴びさせたジョージ・カーン（Georges Kern）である。カーンは、２００２年、36歳の若さで同社の経営を担うことになった当時のグループ最年少ＣＥＯで、「マーケティングの切れ者」と言われた人物である。ただの時計メーカーからモダンな高級ブランドへと、ＩＷＣシャフハウゼンを変革した（出所5）。ブランドイメージを構築するストーリーテリングや、付随するブランド・エクスペリエンスの重要性をよく理解していたことから、一技術者を前面に出すことを思いついたと考えられる。

伝説の技術者と言われるクルト・クラウスの名前を知らないＩＷＣファンはいないと思われる。それくらい多大な貢献をした人物なのである。突然彗星の如くスターが現れたのではなくて、創業者でもない職人がブランドを代表する作品を作れるくらいすごいものづくりの基盤(設備やノウハウ、教育システムを含めて)があった(=すごい会社)という点が学びになる。

時計学校を卒業してから、母国語であるドイツ語を話す場所に戻って暮らしたいと思い、地元唯一の時計メーカーであったIWCの門を叩き、「新米の時計師を雇う気はありませんか?」と尋ねた。当時、同社の時計設計部長を務めていて、自身も「ペラトン自動巻き機構」などにより時計業界の伝説と呼ばれていたアルバート・ペラトンが面接をして、クルト・クラウスはIWCでのキャリアをスタートさせた。

ペラトンは、まだ海のものとも山のものともわからない若者を雇い入れ、助手として働かせただけでなく、メンターになった。褒めるだけでなく、常にもっと上を求めるこの上司のもと、学校では時計のことしか勉強する機会がなかったクラウスは、エンジニアリングに関する知識も学んだ(出所6)。ペラトンが退き、1980年代に入る頃から「クオーツ・ショック」でスイスの時計産業はいよいよ危機的状況に陥った。同社でも300人以上いた従業員は次々と職を失い、エンジニアも去り、クラウスは一人になってしまった。誰もいなくなりほとんどすべての製造工程を一人でやらなければいけなくなったので、試しに自分で色々試行錯誤して作ってみた。これが後の功績に繋がるとは予想していなかっただろう。この時の経験から得た知識と技術が、その後の名作開発に力を発揮した。しかし、いくら情熱と執念がある技術者が知識と技術を蓄積したところで、その価値や活用の可能性を見出し、事業として実現させることができなければ経営資源にはならず、埋もれてしまう。

この秘めたる宝の持つ可能性を信じ、事業化への道筋をつけたのが、1978年、経営者として入社し、クラウスの上司になったギュンター・ブリュームラインだ。ドイツの計器メーカー、VDOアドルフ・シンドリング株式会社がIWCの新オーナーとなり、マーケティングについても豊富な経験を持つブリュームラインは大学で工学を専攻して、ドイツの時計メーカーであるユンハンス（Junghans）に勤めたこともあるコンサルタントで、技術のこともよく理解していた。IWCの歴史や伝統に焦点を当てた戦略で、高品質の機械式時計の復活を牽引した重要人物である。クラウスとブリュームラインはやがて親友のような関係になり、毎日のように遅くまで色々話し合ったという（出所7、8）。クラウスの時計作りに対する情熱だけでなく、技術者の専門用語を理解することができたブリュームライン。永久カレンダーを複雑機構の時計に搭載するというクラウスの案を支持したのは社内ではブリュームラインだけだった。彼の存在がなければクルト・クラウスの永久カレンダー搭載モデルは誕生していなかったかもしれない。

こうして発掘者（ペラトン）、理解者（ブリュームライン）によって未知の才能（クラウス）を顕在化させる組織体制を持つIWCは、1985年にデビューを果たした『ダ・ヴィンチ』モデルという成果に恵まれ、このプロダクトはIWCを代表する存在となった。伝説的な技術者の感性と情熱を経営資源に転換したIWCの事例は、独自性が高いものの、「技術を全面に押し出した独自性の獲得」のように一般化して考えれば、ものづくり企業全般に参考になる話ではないだろうか。

発売から20年後、当時のCEOジョージ・カーンから『ダ・ヴィンチ』の新バージョンを作りたいとリクエストされた。デザイナーはトノー（樽）型を作成したが、カレンダーが入らなかったので、オリジナルのムーブメントで作った。これを見てカーンは、クラウスに敬意を表して限定版にしたいと言い、さらに彼の名前だけでなく、背面に彼の顔を彫りたいと言ってきた。最初クラウスは恐縮して、「いやいやとんでもない」と言っていたがIWCの頭脳と言われた伝説の時計師、クルト・クラウスに対する最高のリスペクトの証として、『ダ・ヴィンチパーペチュアルカレンダー クルト・クラウス（Da Vinci Perpetual Calendar Edition Kurt Klaus）』が発売され完売した（出所9）。

IWCの頭脳の顔が時計に彫られているこのダ・ヴィンチ限定版は話題を集めた。クラウスは、自分のキャリアの中で最も幸せで、思い出深い出来事だったと回顧している。技術者個人へのリスペクトが製品の魅力を増し、独自価値強調に活用するこのやり方は、価格ではなく価値による競争を目指す技術経営企業が取り入れるべきではないだろうか。すごいものづくりの象徴として、技術者や職人を前面に出してそのようなことができる組織やものづくりの仕組みを作ることなら、多くの日本企業にも真似ができるだろう。

スーパーの野菜などに「私が作りました」という言葉とともに生産者の写真が添えてあると、

「この実直そうな人が作った野菜なら、さぞ美味しいだろう」と感じさせる。同様に、「名人」と呼ばれる技術者の顔には風格があり「このこだわりの技術者が作った製品なら確かだろう」と感じさせるに違いない。肖像が無理なら、検品票に品質管理責任者のはんこだけでなく「名人」の直筆サインを添えるだけでも効果があるだろう。

今まで裏方に隠していたものを表に出すのは勇気がいるが、本事例でその効果を知ることが後押しになればと思う。

COLUMN

アルバート・ペラトン、ジェラルド・ジェンタと『インヂュニア』

IWCシャフハウゼンでは、本章のクルト・クラウス（Kurt Klaus）による複雑時計だけでなく、クラウスの教育者であった前任の技術主任アルバート・ペラトン（Albert Pellaton）によるペラトン自動巻き機構や、時計デザイナーであったジェラルド・ジェンタ（Gérald Genta）によるデザイン等もストーリーと併せてその名を讃えている。

ペラトンは独自のラチェット（動作方向を一方に制限する機構）動力伝達両回転型「ペラトン自動巻き機構」（1946年開発、特許取得）により両方向巻き上げによる高効率な自動巻きムーブメントを開発した。自動巻きでは、ぜんまいを巻き上げるのに手巻きの替わりに回転錘（rotor：ローター）が振り子のように振れて巻き上げる。手巻きの場合では竜頭（crown）を手で回すと片方向でぜんまいが巻けるが逆方向は空回りするように、自動巻きの場合も普通は回転錘が片方向に振れてぜんまいが巻けるが逆方向は空回りする。これを逆方向でもぜんまいが巻けるようにした機構で、当然ながら巻き上げ効率が良い。

また、鉄でできている時計は磁場の影響を受けて帯磁して狂ってしまうので、ペラトンはムーブメントを軟鉄（フェライト）でシールドしてしまい、強力な磁界下でも狂わないようにした耐磁構造も考案した。

IWCシャフハウゼンの数ある製品の中において知名度の高いモデルの一つである『インヂュニア（Ingenieur）』（1955年発売）は、ペラトンが考案した「ペラトン自動巻き機構」と耐磁構造の両方を備えている。『インヂュニア』とは、ドイツ語でエンジニア、つまり技術者のことである。特に電気技師が水力発電所など強電のモーターを扱うと、「フレミングの法則」に従って強い電力により強力な磁場が発生するので、このような強電界下でも狂わない耐磁時計である。


1976年に発売されたインヂュニアの4代目は、時計デザイナーのジェラルド・ジェンタによるデザインの『インヂュニアSL』である。これは5個のビス穴がベゼル（bezel：風防の周りに取り付けられる枠状の部品）上に直接配置されているのが特徴で、それ以来、この5つの穴を配置したデザインは、電気を表す稲妻を模したマークと並んで、『インヂュニア』シリーズのトレードマークとなった（**図表6－2**）。

ただし、発売された76年は「クオーツ・ショック」の真っただ中にあり、ジェンタによるデザインの『インヂュニアSL』は残念ながら、あまり売れなかった。しかし、それがゆえに、稀少価値が高いとのことである（IWCシャフハウゼンのヘリテージマネジャーであるダヴィット・ザイファー［David Seyffer］博士への聞き取りによる）。

ジェンタは他にも、オメガ（Omega）『コンステレーション（Constellation）』（1952年）、オーデマ ピゲ（Audemars Piguet）『ロイヤル オーク（Royal Oak）』（1972年）、パテック・フィリップ（Patek Philippe）『ノーチラス（Nautilus）』（1

図表6-2　IWCシャフハウゼン『インヂュニア』

『インヂュニア・オートマティック（Ref.3239）』

軟鉄製インナーケースによる耐磁構造

出所：IWCシャフハウゼン「カタログ」より許可を得て転載

976年）、ブルガリ（Bvlgari）『ブルガリ・ブルガリ』（Bvlgari Bvlgari）（1977年）等もデザインしているが、ジェンタの名前はほとんど出てこない。これに対して、IWCシャフハウゼンはしっかりクレジットしてデザイナーを讃えている。

しばらく途絶えた後に2012年に復活した7代目の『インヂュニア・オートマティック（Ingenieur Automatic）（Ref.3239）』は、同シリーズの伝統的なデザインを受け継ぐモデルである。ベゼル上に配置された5つの穴も含めて、ジェラルド・ジェンタがデザインした伝説のモデルである1976年の『インヂュニアSL』を彷彿させる。そして、耐磁時計であることに加えて、メタル製で強固な作りである針、頑丈ながらもスマートに設計された竜頭プロテクターが、まさにこのタイムピースが「時間の金庫」であるかのように思わせる。

しかも、それまでは軟鉄製インナーケースを搭載するという耐磁構造上、厚みが15㎜超とゴツイ時計であったものが、耐磁性能は少し落ちるものの実用上は十分に確保しながら、厚さをわずか10㎜に抑えた。

初代以来のアルバート・ペラトン考案の「ペラトン自動巻き機構」と軟鉄製インナーケースを搭載した耐磁時計で、ジェラルド・ジェンタによるデザインの4代目『インヂュニアSL』を踏襲するデザイン、頑丈な竜頭プロテクターと「語りどころ」が満載である。

しかも、筆者（長沢）は初代『インヂュニア』が生まれた年の1955年生まれで、これがしばらくの中断を経て復活したのも嬉しい。主要時計ブランドのカタログをすべて見てチェックしたが、「1955年に発売」と年表に記されている時計はほとんどない。さらに、筆者は工学部卒の工学博士で、自分は「エンジニア（インヂュニア）」だと思っている。筆者は「これを手にするのは天命」と思い購入した。

先日、学会の懇親会で柳澤秀吉准教授（東京大学大学院工学系研究科）のたまたま向かいに座ったら、彼も同じ『インヂュニア・オートマティック』を腕に着けていた。筆者よりもはるかに若いので「初代と同い年」だけは当てはまらないが、それ以外の購入動機はまったく一致していた。「人生を共にする時計」について語らい、「ペラトンは凄い」「ジェンタは凄い」「IWCは凄い」と時計談議で盛り上がったのは言うまでもない。至福の時であった。

2 伝説のクリエイティブディレクターをアピール材料にする——カルティエ

カルティエ（Cartier）は、ブランドの歴史や起源と関連性が高い人物を活用したブランドDNAの強化を頻繁に行っている。例えばシャネル（Chanel）のココ・シャネル（Coco Chanel）はシャネルというブランドの創業者にしてデザイナーであるが、その後を継いでココ・シャネルの哲学を理解して自らの解釈（時代に求められる変化）を加えて継承、伸張した人物が、ココ・シャネルと同等かそれ以上に有名で象徴的な存在となったデザイナーのカール・ラガーフェルド（Karl Lagerfeld）だ。創業者以外にもブランド哲学を理解して、その世界観をプロダクトや店舗などの空間で表象化することができ、顧客に「らしさ」として受け入れられるようなものを作ることができる人物がいることは、ブランドの特徴が確立している証でもあり重要である。カルティエはファミリー以外のデザイナー登用にも長けているメゾンであったが、その一人である伝説のデザイナーの名前と名作に脚光を当ててブランドDNAを強調した事例を紹介する。

カルティエといえば、一般消費者が知っているのは『タンク（Tank）』や『サントス（Santos）』といった有名なプロダクト名がほとんどで、名作を作ったデザイナーの名はそれほど知られていない。『パンテール（La Panthère）』という商品名を知っていても、『パンテール』を生み出し、伝統あるジュエリーメゾンのクリエイションを最初に率いた女性、知られざるカルティエのクリエイティブデザイナー、ジャンヌ・トゥーサン（Jeanne Toussaint）の名前を知る人はそんなに多くないはずだ。

しかし、それは2018年までの話である。関係性が何だかわからなくても、カルティエの『トゥーサン（Toussaint）』は、広報活動によって、全世界で爆発的な規模で知られるところとなった。18年に封切られた映画『オーシャンズ8（Ocean's Eight）』（ワーナー・ブラザース［Waner Bros.］配給）の公式ジュエリーパートナーとして全面協力をし、映画のストーリーの中心となったのが、映画のためにカルティエが特別に製作した架空のネックレスである（**図表6－3**）。

1931年にジャック・カルティエ（Jacques Cartier）がナワナガル（Nawanagar）のマハラジャのためにデザインしたダイヤモンドの2連ネックレスを再現したものだが、実物はマハラジャの亡命時に紛失してしまったため、メゾンに残されたスケッチとアーカイブ写真を元に作られた。

サンドラ・ブロック（Sandra Bullock）演じる女盗賊オーシャン（Ocean）を首領とする8人（当初は

図表6-3　カルティエ『トゥーサン』と着装イメージ

カルティエ『トゥーサン』

着装イメージ

出所：映画『オーシャンズ8』（ワーナー・ブラザース配給）を基に長沢幸子が作画

7人）の女性から成る窃盗団が、NYメトロポリタン・ミュージアムで開催されるMETガラに潜入し、アン・ハサウェイ（Anne Hathaway）演じる大女優が着用する1億5000万ドルのダイヤモンドネックレス『トゥーサン』を盗み出すというストーリー。

『トゥーサン』は、1933年から70年までカルティエのクリエイティブディレクターを務めた女性の名前で、マドモアゼル・シャネルやバレンシアガ（Balenciaga）とも交流を持ち、カルティエのクリエイションに大きな影響を与えた（出所10、11）。コンテンポラリージュエリーに革命をもたらし、伝統あるジュエリーメゾンであるカルティエのクリエイションを最初に率いた女性である彼女の名前を冠して、世界中に知らしめることで敬意を評しつつ、幅広い層に対して改めてカルティエの存在を知らしめることとなった。

着目したいのは、映画を使ってPRした（専門的には「プロダクト・プレイスメント」と言う）点ではない。名作を生み出した過去のデザイナーに光を当てて、ラブブレスレットや3連リングなど、ジュエリー以外の売れ筋商品ばかりが印象に残りがちなミレニアル世代に対しても、改めてジュエリーメゾンとしての特徴や技術力、フランスのブランドであるというアイデンティティを強調することで、経営資源として活用しているという事実である。映画のシーンでは、わざわざカルティエのフランス語発音やフランスのブランドであることを認識していない消費者がいることを嘆くセリフまで出てくる。

配役に豪華女優陣を起用したハリウッド映画を使った世界的PRそのものはなかなか真似で

きるものではない。しかし、デザイナー、技術者やその功績を過去の遺物として埋没させるのではなく、徹底的に経営資源として活用する手法、すなわち、人物を活用したブランド価値強調戦略ならどうであろうか。プロダクトを使ったアピールは宣伝めいていて、宣伝や広告に飽き飽きしている消費者には、見る前から拒否されてしまう可能性もあるが、人物を使ったやり方なら見てもらえる可能性が高いし、自然にブランドの世界観や哲学を訴求することができる。そして、このような考え方や、やり方なら普通の企業でも真似することができるだろう。デザイナーがいなければ、ブランドやプロダクトに関係が深い著名人、文化人顧客、顧客との接点である営業担当や店舗のスタッフなど、あらゆる人物を経営資源として活用できるかどうか、可能性を検討する価値はある。

ブランドにまつわる人物は、有名人なら即認識の対象になるが、「知られざる人物」にこそ実は価値があったりする。また、一般的な消費者が通常なら知り得ないような人物を、ストーリーとともに繰り返し伝えることで、ブランドやプロダクトに有り難みが増すことがある。本来、表舞台に出るはずではない関連人物に脚光を当て、プロダクトやブランドの一部としてアピールすることをここでは強調と位置付ける。どの人物のどのような側面を掘り起こして調理すれば美味しそうに見えるのか、決まったレシピは存在しない。ブランドと、関わった人間の数だけ可能性は存在する。

3　2人の創業家の協働をブランドの精神としてアピールする

――ジャガー・ルクルト

ブランド名は、そのブランドの価値観を第一に伝えるツールでもあり重要なのは言うまでもない。ジャガー・ルクルト（Jaeger-LeCoultre）は、2人の人物の名前、2つのファミリーの名前から成る。これだけなら何の示唆も得られないが、創業時の名前からの変遷に着目すると、ブランドの成り立ちと想いを名前に反映させることで強調したことがわかる事例だ。本事例では、ジャガー・ルクルトがファミリーの名前をブランド名にすることで、業界内でのポジションを明確にした過程を示す。

かつてジェイジャー（ジャガー）家とルクルト家の密接なコラボレーションでそれぞれの才能を融合させることで最高の時計を生み出すことに成功した。そして、最高レベルのブランドにムーブメントを供給するブランドとなった。この姿勢がブランド名になっている。単に名前を2つ並べているだけではなく、ジャガーとルクルトのノウハウと情熱が合体した証である。

1833年、スイスに小さな時計工房を開いた創業者のアントワーヌ・ルクルト（Antoine LeCoultre）の孫、ジャック＝ダヴィド・ルクルト（Jacques-David LeCoultre）は、パリに拠点を置きフランス海軍向けの時計を製造していたエドモン・ジェイジャー（Edmond Jaeger）と1903年に出会い、意気投合した。

2人の協力関係から1・38㎜厚のムーブメントによる世界一薄いポケットウォッチを生み出し、それが後のジャガー・ルクルト社の出発点となった（出所12）。

ジャガー・ルクルトが正式ブランド名になったのは1937年で、製造工程と完成品の両面において可能な限り最高レベルの精度を達成するために、細部にわたって完璧であることを目指し、その姿勢をブランドDNAとし、精度を高める態度そのものを表している、とカトリーヌ・レーニエ（Catherine Rénier）CEO（2018年～）は強調している（出所13）。すなわち、こうしたブランドの姿勢は、現在のブランド名となった経緯から生まれたDNAであるとともに、ブランド名に表されている。時計ブランドには一人の天才時計師が自ら築いたブランドも多いが、これらと、DNAは明らかに異なるものである。

繰り返し強調されても、その価値が継承されていなければ意味がない。レーニエCEOは、3つの重要な価値によってジャガー・ルクルトの時計作りが実現していると説明する。すなわち、働く人たちの情熱、オープンな環境、卓越性である。例えば、世界50本限定で、小型手巻きキャリバー847（Calibre 847）搭載の新作『レベルソ・トリビュート・トゥールビヨン（Reverso Tribute Tourbillon）』（Ref. 3926480）の価値は、ここで働くすべての人の時計作りに対する情熱から成るもので、最高峰の卓越した時計を作るために、働く人たちが内に秘めた情熱（inner fire）が社内のあちらこちらで感じられる。そして、ノウハウや知識を共有し、話し合って問題を解決し、そうすることに対するオープンな雰囲気があるという。

こうして、ブランド名を通して強調されてきた価値観は、今日まで着実に継承されていることがわかる。人物（ファミリー）の名前を、単に人や家の名前を表す記号として扱うのではなく、哲学や姿勢の象徴であることまで考慮に入れた命名をすれば、ブランド名から命名の背景となったストーリーまで含めてプロダクトやブランドの一部としてアピールする材料と機会に恵まれ、ブランド資産になる。特に企業合併においては、どうせ名前を変えるのであれば単に合併した2社や3社の名前と業態を並べただけのようなネーミングをしたり、どの名前を先にするかなどという不毛な争いにエネルギーを割くのではなく、人物やファミリーにスポットをあて、意味を見出してから大胆に新たな企業理念を盛り込んだ命名をするくらいの気概が欲しい。

§6-3 人物を伸張する

もちろん人物そのものは伸張できないが、人物によってもたらされた価値は伸張可能である。ラグジュアリーブランドでは、創業者や創業一族の血（血統、血筋）、宿命など人物に元々備わっていた要素に、歴史、（人物や一族が）根ざした土地などの後天的な要素が加わって哲学が形成され、そこからプロダクトやサービスが生まれ、ブランドになる。

日用生活品（FMCG）の多くはブランドコンセプトを決めてからそれに合うプロダクトを創出する。これに対して、ラグジュアリーの世界ではプロダクトが先に誕生して、顧客から支持されてブランドになって行く。よって、ブランド価値の伸張とは、その根源となる人物や人物に付随する要素の伸張に他ならない。結果としてのプロダクトの特徴や価値を分析してもブランドの真の価値は見えない。

ラグジュアリーブランドの価値を真に理解し、活用しようとするのであれば、本書で見て来たように、歴史、土地、人物、そして次章で扱う人物によって創出される技術といった根本的な要素にどんなものがあり、どのように活用されているのかを知る必要があるのはこうした理由による。本節では、人物によってもたらされた価値伸張の事例を紹介する。

1　人物の哲学を反映させたアイコンプロダクトを創出する
——ヴァン クリーフ&アーペル

創業者の引退や逝去、ビジネス環境の変化によって他者の手に渡る際、ブランドイメージの継承が大きな問題になる。築いたイメージや価値の独自性が高ければ高いほど、そしてその独自性の源が創業者やカリスマ的デザイナーなど、人物に大きく依存していればいるほど継承は困難になる。しかし、アイコンプロダクトがあると、ブランドイメージを毀損することなく継承し、さらに時代の変化に応じてイメージをうまく刷新することも容易になる。

アイコンプロダクトは、ブランド創始者やデザイナーの哲学からほとんどの場合は偶然誕生し、誕生した瞬間から、そのブランドが存続する限り続くプロダクトだ。そのプロダクトを見れば大きなロゴを配していなくても人々はそのブランドを想起し、そのプロダクトなくしてそのブランドを語ることはできないようなプロダクトを指す。例えばシャネル（Chanel）のチェーンベルトバッグ、バーバリー（Burberry）のトレンチコートなどが例として挙げられる。

「らしさ」がちりばめられたこれらのプロダクトは、サイズや素材、色、多少のデザインが変わっても、ブランドのオーナーやデザイナーが代わっても、根本的な特徴や価値は変わらないほど普遍性のあるデザインであるため、時代を超えて刷新され、人々に愛好され続ける。人物の伸張例として、また、継承や時代変化への対応を見据えたプロダクト開発の好例としてヴァン クリーフ&アーペル（Van Cleef & Arpels）の『アルハンブラ（Alhambra）』（**図表6－4**）の事例を紹介する。

ヴァン クリーフ&アーペルは、ラグジュアリーブランドの中でも人物にまつわるブランド資産が特に大きな割合を占めており、活用に長けている。そもそも創業のきっかけないし理由が、1895年に宝石商の娘エステル・アーペル（Estelle Arpels）と宝石細工職人の息子アルフレッド・ヴァン クリーフ（Alfred Van Cleef）が恋愛結婚して創業したという、二人の人物の出会いと愛であった。それをブランドの核に据えている。

どこのブランドにも、真っ先に誰もが思い浮かべる代表的なアイコンプロダクトがある。ヴァン クリーフ&アーペルの場合、多くの人が4つ葉のクローバーを象ったアルハンブラ（仏語ではアルアンブラ）コレクションを思い浮かべることだろう。イエローゴールドのロングネックレスとして誕生したアルハンブラ コレクションは、拡張性に優れており、ただのヒット商品ではなく1968年の発売以来、様々な素材や色、モチーフで展開されるようになった。アクセサリーだけでなく現在では時計シリーズも販売され、同ブランドにとって欠かすことのできない主力商品として現在まで続いている。

創業ファミリーの人物の人生哲学で、周囲にも伝えていた言葉がプロダクトになり、

図表6-4　ヴァン クリーフ&アーペル『アルハンブラ』

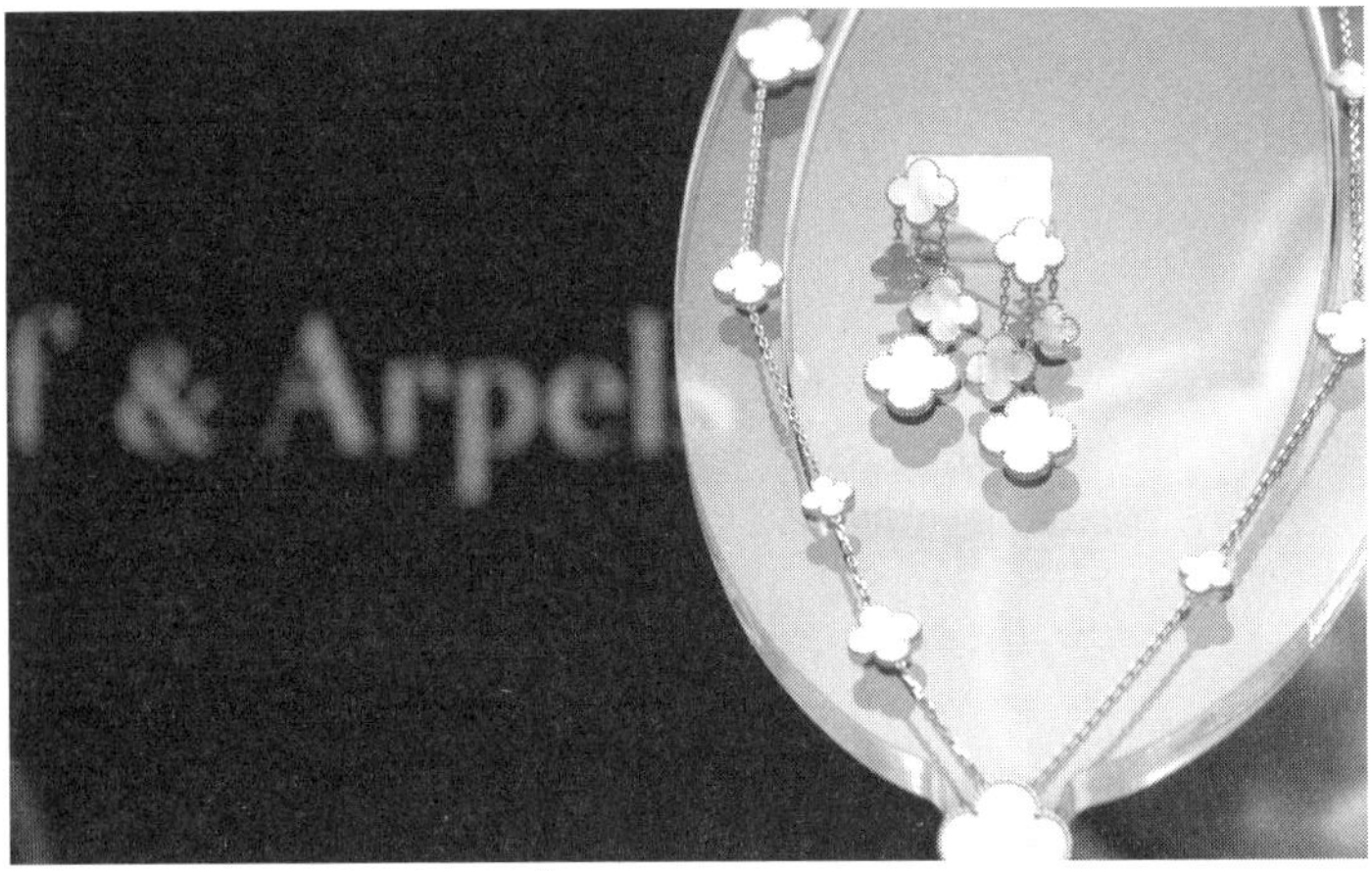

写真：Getty Images / Patrick McMullan

伸張性の高さを備えた主力プロダクトにまで成長したアルハンブラ コレクションは、主力事業の市場縮小に備えて打った布石であった。創業時から主力事業または主力商品が時代の変化で衰退するのは、どの業界にもあることだ。ヴァン クリーフ&アーペルにおける1点ものの超高級宝飾品も同様であった。そこで、経済構造、社会構造の変化を感じた同社は1954年、ヴァンドーム広場に高級宝飾店として初のブティック「ラ ブティック(La Boutique)」をオープンした。従来の王侯貴族や超富裕層の顧客にとどまらない層への拡大を狙うものであった。

スペインのアンダルシア州にある、4つ葉のデザインを建築に取り入れたアルハンブラ宮殿(Palacio de la Alhambra)の名前に由来しているアルハンブラ シリーズは、4つ葉のクローバーをモチーフにしたアクセサリーだ。本格的に発売される1968年より前から、すでに4つ葉のクローバーのモチーフはその歴史に登場していた。アルフレッド・ヴァン クリーフとともにメゾンを創設した妻エステル・アーペルの甥、ジャック・アーペル(Jacques Arpels)と4つ葉のクローバーと幸運の関係は、彼の人生哲学からきている。ジャックは、自宅の庭で4つ葉のクローバーを見つけては摘み取り、決して希望を失ってはならないというメッセージを込めた米国の詩“Don't Quit”とともに、同僚に贈っていた(出所14)。

またジャックは常日頃からよく「幸運になりたければ、幸運を信じなさい」と言っており、周りの人に価値観として共有されていた。ヴァン クリーフ&アーペルは自然界のモチーフを多く使っており、そこから成功という幸運がもたらされた。クローバーは幸運のシンボルとして、ブランドを象徴する存在になり、やがてプロダクトの形でシリーズ化されていった（出所15）。

このように、高級ジュエラーとして、様々な宝飾素材を入手する力と、デザイン力、加工技術を使った創作をするのと同時に、この幸運のシンボルを再解釈することでプロダクト拡張とブランドイメージの強化を実現してきたのである。

せっかく優れたプロダクトを開発しても、模倣されてしまうリスクがある。1点もののジュエリーとは異なり、4つ葉のクローバーモチーフの真似は容易であるし、固有性を主張するのは困難である。そこで、技術力で模倣されにくいデザインに高めた。アルハンブラ コレクションは、誕生した時のスタイルに忠実に、モチーフの輪郭には同社独自の伝統的技法を用いて繊細なゴールドビーズの縁取りをあしらっている。これは職人が一つずつ研磨し、時間をかけて球体を削り出しているため忠実なコピー商品を作るのは困難である。

さらに、商標登録でデザインや製法の保護も行っている。どこにでもある自然界のモチーフに、自社独自の経営資源である技術力を加えることで、模倣品には真似できない価値を創出している。アルハンブラ シリーズのメインモチーフである4つ葉のクローバーや同シリーズの蝶のモチーフも図形商標登録されている。こうして独自性を創出して保護したアイコンプロダクトを、拡張させる戦略にも抜かりがない。大ヒット商品であっても、拡張され、その誕生からブランドが終わりを迎えるまで維持・発展させながら存在しなければアイコンにはならない。

アルハンブラ コレクションは、最初はネックレスからスタートし、様々な素材、組み合わせなどで根本的な特徴を変えることなくプロダクト拡張をすることに成功している。

素材や形、色、サイズだけではなく、経年性すらも拡張要素にしている。このシリーズには、年齢を経た人にもしっくりくるようにと、ヴィンテージシリーズが存在する。しかも、オリジナルのシリーズよりも価格は高めである。若者版や廉価版を出すのなら拡張性が高く、販売すればするほど露出が増え、価値が高まっていくアイコンプロダクトの特性を兼ね備えているアルハンブラ シリーズのようなプロダクトは、あらゆる企業が持っておくべきものである。拡張性が高いアイコンプロダクトを持つことで、社会の変化への対応が容易になる。

現CEOのニコラ・ボス（Nicolas Bos）は、ヴァン クリーフ&アーペルのジュエリーが持つ強みと魅力の一つに汎用性を挙げている。汎用性と言うと無味乾燥で宝飾品とは無縁のようだが、それこそが現代の生活や社会（有閑階級より働く庶民が顧客のメイン）における宝飾品のあり方を反映している。同社は宝飾品を、ビジネスシーンでも、プライベートな場面でも自信を持ってつけることができるものであると位置付けている。特に、アルハンブラ コレクションとペルレ（Perlée）コレクションは、様々な色やスタイルで展開しており、それが可能であると強調する（出所16）。

流行に左右されて消える運命の、相互に関連性がないプロダクトを個別に発売してブランド要素（経営資源）の価値を分散させるより、集約、蓄積させていく考え方の基本が、人物の哲学から派生したこのプロダクトラインには見られる。「すごいブランドがすごい商品を作ったやり方」ではなく、このように一般化して考えれば様々な企業が繰り返し遭遇する変化に適応する際の対策を講じるのに役立つだろう。一つのプロダクト開発により、「伸張性に富んだプロダクト」だけでなく「変化した消費者を惹きつける力」「新規プロダクト開発の新たな手段」「危機管理能力（模倣品対策への意識）」「変革への対応力」という複数の資産を手に入れた。

脈々と蓄積してきた経営資源を集結させて新たな価値を創出し、長期的かつ安定的にブランドに価値をもたらす資産を獲得するやり方は、大企業はもとより、R＆Dにかける資金が限られている小規模事業者ほど真剣に真似るべきではないだろうか。歴史にしろ、土地にしろ、人物や人物が創出する技術は蓄積し、伸張可能な状態にすればするほどさらなる価値をもたらしてくれる。

2　人物の想いを反映させたブランドに変革する
——IWCシャフハウゼン／ジャガー・ルクルト／A・ランゲ＆ゾーネ

人物によってもたらされた価値伸張の事例として、前項では人物の哲学を反映させたアイコンプロダクトを創出した例を挙げたが、本項では人物の想いを反映させてブランド自体が変革した例を紹介する。その人物とは、ギュンター・ブリュームラインである。

ブリュームラインは、IWCシャフハウゼンとジャガー・ルクルトの再生、A・ランゲ&ゾーネの再興に関わり、1990年代にこの3社の社長を務め、2000年にこの3社がリシュモン(Richemont)傘下となることにも深く関わった。

2000年7月のリシュモンによるこれら3社の取得に際しては、実は下交渉で、リシュモンではなくLVMHモエ ヘネシー・ルイ ヴィトン(LVMH Moët Hennessy. Louis Vuitton:以下LVMH)が取得することに内定していた。形式だけの公開入札を実施したところ、LVMHは決まったものとして姿を現さず、リシュモンが現れてLVMHの倍の価格を提示して、逆転で取得したといわれる。その金額は2100億円ともいわれる(出所17)。時計雑誌では「ブリュームライン・プレミアム」と呼ばれたそうである。

ブリュームラインは、これら3社に加えて、ピアジェ(Piaget)やオフィチーネ パネライ(Officine Panerai)、ヴァシュロン・コンスタンタン(Vacheron Constantin)などを含むリシュモンの時計部門の長になった。この枠組みは、今日に至るまで変わっていない。

そして、ブリュームラインの想いと経営戦略によって、死にかけていたIWCシャフハウゼンとジャガー・ルクルトは生まれ変わって息を吹き返した。また、旧東ドイツによって接収され途絶えていたA・ランゲ&ゾーネは再興されて発展した。

自社製ムーブメントや複雑機構に代表される機械式時計だけでなく、マニュファクチュール(Manufacture:時計のほぼすべてを自社で製造する会社を指す。組み立て、調整、針付け、ケーシングだけを行うエタブリスール［Etablisseur］（とは明確に区別される）という一貫生産現場に対するブリュームラインの熱い想いや賞讃は、忘れかけられていたこれらの価値を再発見して焦点を当てることにより、機械式時計自体のみならず時計ブランドの価値を引き上げることに繋がり結実する。

その意味でギュンター・ブリュームラインは、スイスの時計産業を生き返らせた偉人といえる。しかし、残念ながらブリュームラインは、同じくスイスの時計産業を生き返らせたジャン＝クロード・ビバー（Jean-Claude Biver）やニコラス・ハイエック（Nicolas Hayek）ほど知られていない。

リシュモングループ傘下の時計ブランドのIWCとジャガー・ルクルトと、後のA・ランゲ＆ゾーネを率いていたのがブリュームライン。社長として率いていたブリュームラインが死んだ時、会社はライバル同士であるにもかかわらず、スウォッチグループ（The Swatch Group）総帥のハイエックがシャフハウゼン（Schaffhausen）で執り行われた葬式に来たとダヴィット・ザイファー（David Seyffer）博士から聞き、心が熱くなった。

ブリュームラインは一般には知られていないため、IWCシャフハウゼン、ジャガー・ルクルト、A・ランゲ＆ゾーネの3社はブリュームラインを前面に出してはいないものの、機会をとらえては以下のように彼の貢献と功績を讃えている。

例えば、A・ランゲ＆ゾーネを再興したヴァルター・ランゲ（Walter Lange）も「忘れえぬ人」として挙げているし、前出のクルト・クラウスもインタビューのたびに恩人としてブリュームラインに言及している。

　また、ル・サンティエ（Le Sentier）のジャガー・ルクルトの本社を見学に行ったところ、本社の道路を挟んだ正面に、創業者のアントワーヌ・ルクルト（Antoine LeCoultre）と社名にもなったエドモン・ジェイジャー（Edmond Jaeger）の胸像が建っているが、隣に「ブリュームラインのスペース（Espace Blümlein）」があり、肖像と碑文が彫られた銘板がある。碑文には同社の危機を救い発展させた旨が書かれている。創業者と並んで讃えられており、別格の扱いであることがわかる（**図表6－5**）。

　一方、ＩＷＣシャフハウゼンのカタログの最後に年表が載っている。時計の開発に関する記述がほとんどで、人物となると創業者のフロレンタイン・アリオスト・ジョ

図表6-5　ジャガー・ルクルト本社前の「ブリュームラインのスペース」

撮影：長沢伸也

ーンズ（Florentine Ariosto Jones）、技術主任のアルバート・ペラトンやクルト・クラウスなど限られている。その中で、２００１年の項に「ＩＷＣ取締役の中でもギュンター・ブリュームライン（1943-2001）はとりわけ傑出した人物で、社の発展に多大な影響を及ぼした」とある。

同社の詳細な年表には以下のようにある。

・１９８１年、新取締役のギュンター・ブリュームラインは、予定されていた改革の速やかな実行を促し、現行の広告キャンペーンをうまく機能させ、購買が活発な若い顧客ベースを確立するとともに、ＩＷＣを再び確実に成功への軌道に乗せるよう努めた。

・１９９１年、ＩＷＣの取締役のギュンター・ブリュームラインがＬＭＨ（Les Manufactures Horlogères SA：レ・マニュファクチュール・オルロジェール株式会社）グループを設立し、本社をシャフハウゼンに置いた。同グループは、ＩＷＣに１００％資本参加、ジャガー・ルクルトに60％資本参加、再興したばかりのＡ・ランゲ＆ゾーネに90％資本参加し、約１４４０名の従業員を雇用していた。

・２０００年７月、高級品専門のリシュモングループがＬＭＨを取得し、ＩＷＣがリシュモングループに加わる。リシュモングループが経営権を取得しても、ＬＭＨブランドに対しては、現行の経営管理に基づいたグループ構成単位としての独立性と継続性が保証されることとなった。それと同時に、スイス時計の２ブランド、ＩＷＣとジャガー・ルクルトの大部分がスイスにとどまった。
・2001年、1970年代におけるスイスの時計製造の危機からIWCを救い、新たな成功へと導いた人物であるギュンター・ブリュームラインがこの世を去った。
このように記載して、ブリュームラインの功績を讃え、敬意を捧げている。
なお、ブリュームラインの人となりについては、次のCOLUMNも参照されたい。

COLUMN

ギュンター・ブリュームラインとIWCシャフハウゼン／ジャガー・ルクルト／A・ランゲ&ゾーネ

ギュンター・ブリュームラインは、
・IWCシャフハウゼンを再生した
・ジャガー・ルクルトを再生した
・A・ランゲ&ゾーネを再興した
・この3社が2000年にリシュモン傘下となる経緯にも深く関わった

・「機械式時計という名のラグジュアリー戦略」を進めて機械式時計の復権に貢献した
・「機械式時計という名のラグジュアリー戦略」を進めてスイスなどの時計産業の再生に貢献した

という類い稀なる経営者であった。もしブリュームラインが現れなかったら、そしてもし彼が早世しなければ、この3社だけでなくリシュモンやスイス他の時計産業はどうなっていたのだろうかと思わざるを得ない。

実は筆者は、このプロの経営者であるブリュームラインが気になって気になって仕方がなかった。

そこで筆者は、IWCシャフハウゼンのヘリテージマネジャーであるダヴィット・ザイファー博士からブリュームラインに関する大量の資料を提供していただいた。さらに、ブリュームラインに直接インタビューしたことがある時計雑誌編集者、および、ブリュームラインから引き継いでIWCシャフハウゼンのCEO（当時）であったジョージ・カーンへのインタビューを敢行した。

筆者渾身の取材とエピソードなどからギュンター・ブリュームラインの人となりや熱い想いを汲み取っていただければ幸いである。

①時計雑誌編集者の証言によるブリュームライン

彼にインタビューしたことがある時計雑誌編集者の証言によると、ブリュームラインは謎の人物で、この人はなかなか取材には出てこないトップ中のトップの人であった。当時のブリュームラインは、鋼管会社を中核としたコングロマリット（複合企業体）、マンネスマン（Mannesmann）の傘下になっていた3社を束ねてLMHを作った人物である。頭文字で言うとLVMHと勘違いするが、まったく違う。基本的にIWCとジャガー・ルクルト、A・ランゲ&ゾーネの3社である。もともとは欧州のいろんな投資会社が投資していたのが、スイスの時計のマニュファクチュール、つまり一貫製造元である。ブランドではなくてマニュファクチュール、つまり螺子《ねじ》の1本から作る工房。昔は時計会社は全部、自分のところで作ったと思うのだけれども、ブランド至上主義になってくると、ほとんどの会社は自分のところで時計は作らない。設計と意匠デザインはするけれど、あとはお任せ。むしろ、そこもまとめて丸投げという会社は、1980年代から90年代の時計業界で当たり前だった。彼はもともとマニュファクチュールだったジャガー・ルクルトとIWCを支えた会社のドンだった。

彼がすごかったのは、もともとA・ランゲ&ゾーネはなかったので、ジャガー・ルクルトとIWCという、どちらかというとマニアックでオタク好みな、とても女性の方がお好みになるような時計ブランドではなかったけれども、そのブランドの工場部分というところに目を付けて、そこを一番大事にした。今はちょっと違ってきているけれども、スイスの時計というのは完全な手工業なので、入社した新人さんが、1年目で時計を作る世界ではないのだそうである。最初はケース研磨をやるのに10年かかるとか言われたぐらい。ケース研磨なんて一番簡単だと思ったら、1個失敗したらそれで終わりだから、手作業でずっとグラインダーで磨いていく作業を、少なくとも4、5年やらないと使いものにならない。人材育成にものすごいお金がかかる。

スイスの機械式時計を伝えているのは、その熟練した職人たちによって代々継いでこられた歴史だったけれども、それがクオーツという、今でいうところの電子部品で、人間が作らないものによって一気にその座を奪われて、スイスの主要産業が地に落ちてしまった。そこに投資するという会社マンネスマンもすごいが、その任務を負わされたドイツの時計業界出身のブリュームラインは、その手腕を見事に開花させた。

2001年に58歳で、本当にお若い時に亡くなったが、その直前に取材した時もエネルギッシュにかっこよく熱弁を振るってA・ランゲ&ゾーネの話をしてくれたそうである。

A・ランゲ&ゾーネという会社は、もともとドイツのドレスデン近郊の、戦前はマリンクロノメーター（船に搭載され、天体の観測から割り出す現在地の時刻をグリニッジ標準時と比較して船の位置の決定に使用される精密時計）とかで有名なトップメーカーだったのだけれども、戦後の東ドイツ側にあったから、戦後に接収され消滅してしまった。歴史だけ残っていて、別会社になったりとかで軍需品を作っていたような会社を、ブリュームラインの熱意で「あのランゲを復活させよう！」となったわけである。そこで戦後に東ドイツから命からがら電車を乗り継いで西ドイツに難を逃れて亡命していたヴァルター・ランゲ（Walter Lange. 1924-2017）という創業家の血筋の4代目を探した。

とにかくIWCの中で周りがあきれるくらいランゲに夢中だったそうだ。今では、最初に起こしたLMHグループのジャガー・ルクルト、それからIWCというマニュファクチュール、つまりトップクラスの職人と工場の力を活用することによって、見事、A・ランゲ&ゾーネのブランドを再生させた。今では基本的にマニュファクチュールという言葉がすごく重要視されるが、ブリュームラインが担ったグループは、ラグジュアリーである前に職人集団の会社であったということなのである。

ニコラス・ハイエックは、どちらかというと生産コンサルタントとして入って、つぶれかけた会社を統合することによって見事な再生をした。スイス時計業界の中で自分のところはムーブメントを作っているから、A社、B社、C社、おまえたち時計を作りたかったら、うちのムーブメント使うよねというので、そこははっきり言って言い値である。彼が1個いくらで、一切まけませんという強い商売を構築したビジネスマンだったのに比べて、同じビジネスマンとしてブリュームラインのすごいところは、もう一つのスイス時計の中の柱であるマニュファクチュールというものを、見事、崩壊のぎりぎりから救った。そして資産とした。スイス時計のラグジュアリーの中の7割は、職人が作っている。その職人が作っているムーブメント、それは性能、それから機能、プラス美しさ、手の込み方というものが重要になってくると思う。

機械式時計が復興する前は、機械式時計の裏蓋は金属で覆われていて見せることはしなかった。当然のことながら防水しないと不都合だし、当時はサファイアガラスで裏をシーリングするという技術もないから、あえてガラスにして日の目にさらすということは基本的にしなかった。ブリュームラインが最初にやったのかは確かではないけれども、マニュファクチュールで職人が作るムーブメントを自慢する時代になった1990年代に、どの会社も機械式時計の裏はガラスになっていった。内部を見せるわけであるから、ただピラー（支柱）が入っているだけでは駄目で、そのピラーにペルラージュ（Perlage：真珠のような円形模様を連続して重ね合わせた鱗《うろこ》状の装飾）仕上げ加工、それから面取り加工とか、いろんな細かい手作業の工程を見せて、それを付加価値にした。性能だけではない。装飾とか面取りとかは、かつては機械油が広がるのを防ぐという意味があったらしいが、今の機械工作において必要ないのだけれども、あえてそれを入れて手間暇かけて作ることで、宝石のようなムーブメントを作るということを構築したのは、機械式時計の雄ブリュームラインの、もう一つの功績だと思う。

情熱家か理論家かというと、情熱家。みなさん情熱家なので、理論家だというのを取材して感じないそうである。インタビュー時間でいうと、ブリュームラインは一回きりだったけれど、30分と言われたのに1時間かかってしまった。周りで次のドイツのテレビ局とか、みんな待っていても、でも話が止まらなくなってしまった。話し出して盛り上がっちゃったら、ほんの30分のインタビューの予定が1時間になったら、もう特集になってしまう。そういうトップの情熱にほだされて、4ページの予定が12ページになってしまった。というか、書かなきゃという使命感が芽生える。書いて面白いし、読んだ人はすごかったと言ってくれるから。それは彼が計算して延長して話したのではなくて、熱いのであろう。ラグジュアリーの根底にあるものは情熱なのではないかと思う。

その3社は当初、ＬＶＭＨが買収するのが有力だといわれたのに、逆転でリシュモングループが買収した。

ＬＶＭＨは、正式にはＬＶＭＨモエ ヘネシー・ルイヴィトンというコングロマリット（複合企業体）である。当時、ＬＶＭＨの時計ブランドの筆頭がタグ・ホイヤー（TAG Heuer）だったが、比較的弱かった時計部門の拡充を図ってその3社を買収することで話がまとまった。しかし、逆転劇が起こった。入札は一応、公開でやる。その公開入札の場にＬＶＭＨは行かなかった。ＬＶＭＨに決まったというので、その買収担当者がその入札を欠席していた時にリシュモンが倍値ぐらい付けて、急にひっくり返った。一夜の逆転劇。それが責任問題になって、その買収担当者は立場が微妙になったらしいと聞いた。

業界でも「決まったから。ＬＶＭＨよ」と日本の雑誌編集者は聞かされていたそうだ。「そうですか、はあ。ジャガー・ルクルトとＩＷＣとＡ・ランゲ＆ゾーネは、ルイ・ヴィトンのグループになるのですか」と、それはそれで、その編集者は驚いていたそうである。それが、がらっとひっくり返る（注：ジャガー・ルクルト、ＩＷＣ、Ａ・ランゲ＆ゾーネは、ドイツ鉄鋼マンネスマン→投資会社ＬＨＭ→リシュモンとわたる。金額２１００億円とも）。

その編集者はびっくりして、「えっ、何が起こったのですか」と後で真相を聞いたら、さすがにＬＶＭＨ側のトップも最後、気が緩んでしまって、詰めが甘かったらしいと、そういう話を聞いている。そういう出来事があったので、この業界はすごいなと思う。

②ジョージ・カーンの証言によるブリュームライン

筆者は当時ＩＷＣシャフハウゼンのＣＥＯであったジョージ・カーン（現・ブライトリングＣＥＯ）にも単独インタビューした（**図表６‐６**）。

カーンはブリュームラインの死の直前の2カ月を共にした。短期間ではあったが多くを学んだという。彼の死後の翌２００２年に当時最年少の36歳でＩＷＣシャフハウゼンのＣＥＯに就任したので、結果として引き継ぎになった。

ブリュームラインが白血病で死んだ時、シャフハウゼンで執り行われた葬式にニコラス・ハイエックがわざわざ来たのは本当だった。会社はライバル同士だけれども、「スイス時計産業の復興に命を捧げた同志」という絆だったと理解している。

ブリュームラインは「ボトム・アップの人だった」と言う。筆者は最初、トップダウンではなく日本的に現場の作業員の意見を吸い上げるという意味と受け取ったが、少し違っていた。製品、つまり時計が常に最初にあって、「同じ機能なら安く。同じ価格なら機能を高める」というものだった。

また、こんなエピソードがあったと教えてもらった。クオーツ・ショックで皆が打ちひしがれている時に、ブリュームラインは「複雑機構の懐中時計を作れ」と命令した。皆はクオーツ全盛なのに今さらの機械式、それも腕時計ではなくて懐中時計とは時代錯誤だとまったく乗り気ではなかった。しかし、「作ることに意味がある」と言う。

図表6-6　IWCシャフハウゼンCEO（当時、現ブライトリングCEO）**ジョージ・カーンと筆者**（長沢）

撮影：長沢伸也

当時はムーブメントの大部分は自社製ではなくETA社製に切り替えていたので、いざ取り掛かってみると困難だらけ。やっと完成に漕ぎ着けたら、今度は「これを売る」と言う。懐中時計なんて売れないと皆は反対したが「売ることに意味がある」と。

職人たちは、「俺たちもやれば出来る」という達成感とともに、「機械式時計は、まだまだ捨てたものではない」と社内が一つにまとまったという。そこからIWCシャフハウゼンの快進撃が始まったのであった。

「ものづくりの人」であったブリュームラインはハンサムな上にインテリで、しかも情熱家であった。ドイツ人だが、フランス語も流暢で、奥様もフランス人女性だった。

スイスは九州くらいの大きさであるが、IWCがある東端のシャフハウゼンからジャガー・ルクルトのある西のル・サンティエまで車で4~5時間ほど掛けて、頻繁に行き来していたそうである。加えて、A・ランゲ&ゾーネを再興して以降はドイツのグラスヒュッテにも出掛けて、3社それぞれにブリュームラインの社長室があったとのことである。この激務が命を削ったのかもしれない。

A・ランゲ&ゾーネの再興は、やはりドイツ人としての血が騒いで使命感に燃えていたのではないかと言う。1990年に会社を再興して94年に最初の『ランゲ1』が登場するが、その間、同じドイツ語圏ということでA・ランゲ&ゾーネの職人はブリュームラインが同じく社長を務めるIWCでトレーニングを積んだとのことである。

出所1　アライアＨＰ（https://www.maison-alaia.com）

出所2　https://www.wwdjapan.com/articles/510973

出所3　https://www.arabnews.com/node/1636711/lifestyle

出所4　野中郁次郎、勝見明著『共感経営「物語り戦略」で輝く現場』日本経済新聞出版、２０２０年

出所5　ＩＷＣシャフハウゼン公式ＨＰ（https://press.iwc.com/time-shapers-ja/）

出所6　“In Conversation with IWC Legend, Mr Kurt Klaus（PART 1），” https:www.//youtube.com/watch?v=Y9gJ5lFoeTU

出所7　“In Conversation with IWC Legend, Mr Kurt Klaus（PART 2），” https://www.youtube.com/watch?v=e6R7gEjzj9k

出所8　“In Conversation with IWC Legend, Mr Kurt Klaus（PART 3），” https://youtube.com/watch?v=fVDVzGjwrjY

出所9　Kevin Hackett, “A chat with IWC watchmaker Kurt Klaus,” The National, June 14, 2018 https://www.thenational.ae/lifestyle/luxury/a-chat-with-iwc-watchmaker-kurt-klaus-1.739804

出所10　「カルティエが『オーシャンズ８』の独占ジュエリーパートナーに」２０１８年８月１日　https://www.fashionsnap.com/article/2018-08-01/cartier-oceans8/

出所11　Francesca Cartier Brickell（2019）*The Cartiers: The Untold Story of the Family Behind the Jewelry Empire*, Ballantine Books, New York.

出所12　スイス時計協会公式ＨＰ（https://www.fhs.swiss/eng/2014-02-06_1287.html）

出所13　WatchTime ＨＰ（https://www.watchtime.com/wristwatch-industry-news/industry/an-interview-with-catherine-renier-ceo-of-jaeger-lecoultre/）

出所14　https://my.asiatatler.com/style/van-cleef-arpels-s-icon-of-luck

出所15　https://www.vancleefarpels.com/jp/ja/la-maison/spirit-of-creation/inspiration/Luck.html

出所16　https://www.jewellerynet.com/en/jnanews/features/23008

出所17　長沢伸也編著『ラグジュアリーブランディングの実際』海文堂出版、２０１８年

Chapter 7

技術による独自性と正当性の向上

技術やノウハウ、特許、デザインを讃えて商品やコミュニケーションで打ち出してブランド要素化（経営資源化）し、独自性（originality）と正当性（legitimacy）を向上させる戦略である。商品の差別化は当然として、いわば技術自体を「ブランド化」するのだ。技術は外部から購入もできるという意味では先天的とも稀少とも限らないが、技術が生かされ商品化される必要があるので他社が真似ることは不可能であり、模倣困難性が高いのでブランド要素（経営資源）になり得る。

リシュモン傘下の宝飾・時計ブランドは技術中心のプロダクト開発と流通に専念しており、日本の地場伝統ものづくり企業と共通点が多い。見た目も派手でファッションショーや雑誌のグラビアで目立つファッションブランドに比べて、宝石や金、銀、プラチナといった原材料の加工技術や、多数の小さな機械部品の組み立て技術で価値を創出している宝飾・時計ビジネスこそ、手本とするべき純粋なブランドビジネスであるといえる。これらのブランドが技術をどのようにブランド要素（経営資源）として活用してきたのか。そのやり方やプロセスを事例で紹介する。

S7-1　独自技術の存在と内容を認識する

本書で考察の対象にしている経営資源、すなわち歴史、土地、人物、技術の中でも、技術は最も馴染み深い経営資源であろう。こだわりの製品を作っている日本企業なら規模や知名度にかかわらずどこでも普通に持っている無形の経営資源である。筆者らは、魅力を嵩増しして、世界にアピールするのが上手なラグジュアリーブランドのやり方を、謙遜ばかりしていて奥手な日本企業が真似て世界の市場で認められるようになってほしいと強く願っており、日本の地場伝統ものづくりブランドも研究の対象にしてきた。

本書冒頭でも述べたが、「ラグジュアリーに真似るべき点がたくさんある」と言うと、「いやいや、地味な当社にはラグジュアリーなんて崇高すぎて参考になりません」と最初から拒絶されることも多い。しかし、実はラグジュアリーブランドは、実態のないイメージ戦略による価値創出ではなく、技術を中心に価値を創出する技術経営をしている、と言うとすんなり話を聞いてもらえることが多い。日本は海外から見たら驚くようなすごい技術を持っているのに、当たり前すぎるせいか、その価値を正当に認識していないことが多く、取材をしていて驚かされる。存在と内容（価値）を認識するところから、活用が始まる。本節では、ラグジュアリーブランドが自社の技術をどのように認識しているのか、認識過程も示しながら説明する。

1　独自性が高いコア技術を確立し自社ブランド化する――ピアジェ

プロダクトが結果系（目的）で主役なら、技術は原因系（手段）で裏方のような存在だ。その存在や価値をブランド名で表明し、裏方から表舞台に出して価値を認められるようになったのがピアジェ（Piaget）の事例である。

ピアジェはかつて時計ムーブメントのメーカーであった。完成品組み立てメーカー（パーツを仕入れ、加工、調整し時計を完成させるメーカー。エタブリスール［Établisseur］）からすればパーツメーカーで、ブランド名を表に出しておらず、いわば黒子的な立場であった。

今でこそ高級時計、宝飾品の最高峰ブランドとして名を知られているピアジェだが、その名が表に出るのは創業した１８７４年から60年以上が経った１９４０年代のことだ。ある時プロダクトにブランド名を出して、自らの意思で表舞台に出ることで、卓越した技術の価値が外部に認識されることとなった。そのやり方とプロセスは驚くような奇抜なものではなく、ごく地道で堅実だ。高い技術を持ちながら下請けに甘んじて苦しい思いをしている企業や個人にとっては耳が痛いのと同時に、勇気づけられる。

ピアジェは、1874年にスイスの山間の小さな集落ラ・コート・オ・フェ（La Côte-aux-Fées）に、時計工房として設立された。創業者のジョルジュ＝エドワール・ピアジェ（Georges-Edouard Piaget）は農家の一室を工房として時計ムーブメントの製作に打ち込み、徐々に技術力を上げ、ラ・コート・オ・フェで製造された半製品を完成品に仕上げるまでの全工程に熟練していった。「常に必要以上に良いものを創る」がピアジェのものづくりの信条で、現在も受け継がれている。

しかし、1920年代にはロレックス（Rolex）、ブレゲ（Breguet）、オメガ（Omega）、ゼニス（Zenith）、ロンジン（Longines）、ヴァシュロン・コンスタンタン（Vacheron Constantin）、オーデマ ピゲ（Audemars Piguet）、カルティエ（Cartier）といった錚々たるブランドを顧客に持つほどの技術力を認められたピアジェは常に謙虚であることを心がけていたため、その名が表に出ることはなかった。14人の子供がいたピアジェ家はその高い技術を継承する心配をする必要はなかったが、一家で住むことができる家を探しており、一家が熱心に通っていた教会が大きなチャペルを建設した際、その1階を作業所にして時計屋業を一家で営むこととなった。事業が発展して人員や設備に合わせて広い場所に移った1910年代でもまだ「頑固なまでに無名であること」にこだわっていたという。

創業者ジョルジュの真面目で控え目な性格は、子供たちにも影響を及ぼし、ピアジェ社の発展は遅れた。華やかに発展したジュネーヴに比べて、ラ・コート・オ・フェがあまりにも無名で不利な状況であったことと、ジョルジュから自分の力を過信してはいけないと教えられていた影響から、ジョルジュの死後15年が経過するまで大きな飛躍はなかった（出所1）。

転機となったのは1943年。3代目のジェラール・ピアジェ（Gérard Piaget）は、これまでムーブメント製作会社として歩んで来たピアジェであるが、この年に、自らのブランド名で時計の製造を行うことを決断する。下請けから、表舞台に出ることにしたのである。他社向けムーブメント製造から一歩羽ばたくことの意思表明として、自社製時計に刻印を入れた。

さらに、カタログの出版に先んじて専門誌に広告を打ち、ピアジェの名前と製品を知らせている。その際に、「贅沢と正確性──ピアジェ、ラ・コート・オ・フェ。日付表示、防水、自動巻き、コイン型、宝飾、超薄型時計」とメッセージを打ち出し、ピアジェの名前で高級市場に打って出ることを明示したことが一つの大きな意味であった。もう一つは、宝飾時計と超薄型の概念を打ち出したことである。この2つは、現在でもピアジェ製品の中心的アイデンティティとして受け継がれ、発展している。

新聞でも取り上げられたこの広告効果もあり、ピアジェ社だけでなく、知られざるラ・コート・オ・フェの村も発展に向けて歩き出した。43年、ピアジェは商標を登録し、企業としての形態を築いた。この動きの中心となったのは、創業者ジョルジュの息子ティモテ（Timothée Piaget）の12人いた息子たちのうちの2人、ジェラールとヴァランタン（Valentin Piaget）で、40年代の半ば、2つの重大な決定を行ったのを契機に、父親と祖父から事業継承をする体制に移行した。

ビジネスや財務に長けていたジェラールは、44年に総支配人に就任し、同年に経営陣に参加した後の右腕、カミーユ・ピレ（Camille Pirret?）とともに世界市場に向けた販売網強化を実行した。一方で、ヴァランタンは、キャリバー9P（Calibre 9P）を56年に発明して世に知られることとなった人物で、父と同じく優れた技術者であった（出所2）。

高い技術とものづくりへの情熱だけでその地位は確立できないが、外部に認識させるべく、表に出していくことでトップクラスのブランド価値を築いたピアジェの事例は、下請け体質が染み付いている企業に刺激を与えてくれる。まずは突出した技術を確立し、自社ブランド化する。プロダクトデザインに自信がなければ、外部デザイナーを登用する手もあるし、デザインが得意な企業を買収する手もある。日本には特殊な技術を持った小規模な下請け企業がたくさんある。他社に望まれるほどの技術を持っているのなら、ピアジェが薄型化でそうしたように、さらに技術の独自性に磨きをかけて、表舞台に打って出ることの可能性を検討すると、未来が開けてくるかもしれない。

2 修理部門（サービス）などで技術をアピールする——オフィチーネ パネライ

オフィチーネ パネライ（Officine Panerai）は、高級機械式時計のブランドとして今でこそその名を知られているが、知られるきっかけとなったのは、修理などのサービスを行っていたことと、それが屋号になっていたことであった。フィレンツェの小さな時計店から転身して、イタリアの高級時計ブランドとして世に認められるには、そうなるまでの過程が不可欠であった。その過程とは、ブランドが提供している技術を認識し、外部に向かって表明する過程であったと言ってよいだろう。

小さな家族経営の職人グループが、ブランドへと転身する歴史は、19世紀から20世紀に移り変わる時期に「スイス時計店（Orologeria Svizzera）」と改名したところから始まる。パネライファミリーの3代目でブランドとしての地位向上に貢献した人物として語り継がれるグイド・パネライ（Guido Panerai）の発案であった。彼の父親で2代目のジョヴァンニ・パネライが1850年頃に、フィレンツェで掲げていたのは「G・パネライ時計店（Orologeria G.Panerai & Co.）」であった。ものづくり企業がショーウィンドウに商品をディスプレイするのは当然だが、パネライは技術もディスプレイの対象にして商機を摑んだ。初期のパネライが成功した理由として、時計製造だけではなく、修理事業にも積極的に取り組んだ点が挙げられる。

修理部門には様々な案件が持ち込まれ、修理部門自体も発展した。この店舗は修理用部品や付属品、精密機器を扱うための倉庫も所有していた。スイスから部品の状態で届けられた時計は、ここで組み立てられ、トスカーナ地方全体の時計店へと出荷されていた。さらに、店は時計だけでなく、精密工学用のスペアパーツ、アクセサリー、工具も販売する店へと成長した。

スイスから時計が部品として届けられ、時計職人のグループが組み立てるスペースを作る必要が生じ、自然な流れとして、修理のための場所ができた。これが後に初の時計製造学校になった。その実体を的確に表そうと、1900年頃、グイドが店のドアに「スイス時計店(Orologeria Svizzera)」という名前を掲げた。高い技術力と評判に加えて、イタリアの時計屋が「スイス時計店」という看板を店に掲げていたことで、後にロレックス、ヴァシュロン・コンスタンタン、ロンジン、モバード(Movado)、そして後にパテック フィリップ(Patek Philippe)など、スイスの主要な名ブランドの目に留まり、取引に繋がった。

このように、修理サービスを行い、それを屋号でアピールしたことがきっかけで、フィレンツェの小さな時計店はイタリア全土に拡大し、ビジネスとして大きく発展した。そして、その技術力はのちにイタリア国防省の耳にまで届き、軍需品の受注とその後のブランドの運命を決定付ける時計技術開発へと繋がった。

店があることで、ブランドがそこにあることを示すだけでなく、そこで自社のコアとなる技術と商品、メンテナンスサービスなどを提供し続けることは、宣伝に繋がる。「パネライ初の店舗を構えた」という事実だけを結果として捉えると本来の意味が見えないが、パネライはそこで修理用部品や付属品、精密機器を扱うための倉庫も所有しており、スイスから部品の状態で届けられた時計は、ここで組み立てられ、パネライ時計店のみならず、トスカーナ地方全体の時計店へと出荷されていたという点に着目したい。

インターネットもテレビも普及していない当時、パネライが提供できる技術が情報としてそこに集約しており、発信源でもあったということである。偶然イタリア軍の目に留まったのではなく、そこで店を構えて修理をしており、その存在の重要性を認識して「スイス＝時計製造の最高峰が集まる地」「時計店＝時計と、製造技術を提供する店」のようにわかりやすい名称を掲げていたからこそ、知られることになり受注に繋がったと見るべきである。一度知られた屋号を変更するのは時にリスクだが、同ブランドの場合、「スイス時計店」という名称があったからこそ提供している技術が外部に認識されて、未来に繋がった。

後の1972年に家名を意思表明の証としてブランド名に用いることになる。グイドの息子、ジュゼッペ・パネライ（Giuseppe Panerai）が亡くなり、長年にわたって軍事機密扱いであったイタリア海軍への納入事業は譲渡し、社名を初期のモデルに用いられていた「オフィチーネ パネライ有限会社（Officine Panerai S.r.L.）」に変更した（出所3）。

漫然とものを作っているだけでは差別化も出来ないし、新たな商機を掴むことも出来ないが、プロダクトに付随するあらゆることをやり、それを屋号で対外的にアピールするという単純な方法は、どんな企業にでもすぐ始められる技術認識と活用方法だ。

一部のブランドでは料金が発生するが、基本的にラグジュアリーブランドでは、鞄のファスナーの修理や宝飾品のリングや石のクリーニングは、無料サービスである。人件費を考えると当然赤字だが、顧客からすれば、普段なら近寄り難いラグジュアリーブランドの店に立ち寄る理由になるし、ブランド側からすれば、顧客への新規販売機会に繋がる。特に世界から見て、日本では「当たり前」とされる技術やサービスのレベルは突出しており、プロダクトだけでなく、利益は出なくても付随するサービスを提供し、技術力やプロダクトに対する哲学を顧客に認識させる機会として活用することで生じるメリットについて検討する価値は大いにある。

§7-2 独自技術を強化・強調する

技術は最初から完璧であることは稀で、独自性が高く、革新的であればあるほど、気が遠くなるような手間と時間をかけて試行錯誤が繰り返され、ようやく安定したコア技術が完成する。内部の経営資源だけでは目指すレベルに到達できない場合は、外部の力を借りてでも強化して、創出する場合もある。また、情報化社会である現在、消費者はすべての情報を手にしていないと気が済まない。特に、ミレニアル世代はプロダクトやサービス提供者に対して、透明性の高さを要求する。「知られざる技術」ではなく、「こんな技術を使っているから、価値がある」ことを明確にして強調する必要があるし、強調する機会や手段を規模の大小にかかわらず手にすることができた今の時代こそ、積極的にやるべきであろう。

1 利益が出ない開発を進めて技術力をアピールする——カルティエ

技術的にはすごいけれどまったく利益が出ない開発を進めて日の目を見ない例は、技術畑の人であれば1つや2つ容易に思い付くことだろう。それでも、お蔵入りさせず、不屈の精神で不採算プロダクトを長期的視野で熟成させて将来のブランド資産に発展させたカルティエ（Cartier）の事例は、長期的視野の技術強化がもたらすメリットを示してくれる事例だ。

カルティエを代表する時計の一つ、歪んだ形が特徴の時計『クラッシュ ウォッチ（Crash Watch）』は、ダリ（Salvador Dali）の絵に着想を得たという説もあるが、実際には、他の人とは違うものを持ちたいというVIP顧客の要求に応えてカルティエロンドン（**図表7－1**）でジャン＝ジャック・カルティエ（Jean-Jacques Cartier）が創出したものであった。

1967年に完成したこの時計は、カルティエの時計の定番の形を歪め、変え、そのせいで時間が正しく表示されなくなるなど、時計としての基本的な性能すらも満たすことができない状態が続いた。ムーブメントとケースを同じ歪んだ形にする必要があり、協力企業のアドバイスなども得ながら、あらゆる工夫を繰り返し、途方もない時間と労力をかけて出来上がった『クラッシュ』は、販売金額とコストを考えると、会社にまったく利益をもたらさないプロジェクトだった。

ジャン＝ジャックがロンドンでカルティエらしい創作活動を絶やさず、その技術力の高さで知られていたパートナー企業、ジャガー・ルクルト（Jaeger-LeCoultre）との共同作業で時計『クラッシュ』を開発し、発売に漕ぎ着けたが、後に「もっと価格をあげるべきだった」と回顧している通り、途方もない手間がかかったのにまったく利益が出ないものであった。

しかし、後に復刻されて大ヒット商品となった。2014年の発売時は、予想の10倍の価格がついた（出所4）。ラブブレスレ

図表7-1　現在のカルティエロンドン店

撮影：長沢伸也

ットのように従来のカルティエらしくないプロダクトに傾倒し、職人気質で培ったそれまでの資産を捨ててしまったら、今のカルティエは存在しなかったかもしれない。

『クラッシュ』というユニークな時計もまた、カルティエのアイコン的なモデルの一つになった、と片付けると何の示唆も得られない。顧客の要求に応えるために、総力を挙げてできるまでやる。その過程で様々な技術的、デザイン的な発見や着想を得たことはカルティエの他のプロダクトに活用されていないわけがない。

顧客のリクエストに技術と情熱とアイデアで応えて必ず形にするという姿勢と過程、試行錯誤の過程で生み出された技術や、将来のプロダクトに影響を与えたであろうアイデアの源泉や、開発過程で培った技術を無駄にせず形にしたものが、世間で長年にわたって評価されるアイコンプロダクトになる可能性を秘めているという示唆に着目したい。

当たり前のこと、できることだけやっていては突出した存在になることはできない。無理難題をやり遂げることで、ブレイクスルーできるのである。

2　他社と違う素材を使う技術をアピールする

——A・ランゲ&ゾーネ／カルティエ／オフィチーネ パネライ

初めから目的が明確で技術強化を行わざるを得ない場合は、具体性が高いので、企業にとっては困難ではあるものの、着手しやすい。加工が困難な素材採用のために技術強化を行い、獲得した独自性をブランドのコアバリューに昇華させたA・ランゲ&ゾーネ(A.Lange & Söhne)の事例は、他社と異なる素材採用理由や加工技術があれば強化することで模倣困難性が高まることを示してくれる事例だ。

A・ランゲ&ゾーネが目指すのは、『ランゲ1(Lange 1)』のように完璧な時計作りで、その目的のためであればどのような難関も克服してきた(**図表7-2**)。

その一つが、訳あって使っている素材、洋銀である。使われている素材がブランドのトレードマークになるのは稀だが、A・ランゲ&ゾーネと言えば洋銀を使わないと実現できない質の時計を作り、それを作る

図表7-2　A.ランゲ&ゾーネ『ランゲ1』

写真提供：A.ランゲ&ゾーネ

技術とノウハウがあり、職人がいるということが他と圧倒的な差別化要因の一つになっている。

一般的なムーブメントに使われる真鍮よりも堅い洋銀を用いている理由は、強度に優れ、メッキ処理を行わなくても表面が美しい明黄色に輝くからだ。年数が経つと温かみのある黄金の鈍いツヤが表面を覆い、保護するという2つの要素が必須だから洋銀を使っているのであり、単に他と違う素材を使うことや、加工技術の難易度を上げることで稀少性を高めることが目的ではない。

結果として、強度と輝きを保つ目的で、表面加工を行わない。ゆえに組み立てには高度な技術と最高の設備が必要で、どこのブランドにでもできるわけではない。このような理由から、「二度組工程」と呼ばれる作業を行う。一次組み立てで、数百個のパーツから構成されるムーブメントが正常に機能するかをチェックし正常に作動することを確認した上で、一度組み立てたムーブメントを分解し、パーツを洗浄した後に、伝統的な表面仕上げや精緻なエングレービングを施し、艶出しなどの最終仕上げをしてから二度目の組み立てを行う（出所5）。

これには、大変な手間と時間がかかる。コストも跳ね上がるが他社が真似しようと思ってもできる技ではないので、A・ランゲ&ゾーネは稀少性が高く、かつ模倣困難性が極めて高い独自価値を獲得するに至った。

商品開発ディレクターのアントニー・デ・ハース（Anthony de Haas）は、シリコンなど新素材を取り入れる予定はないのかとの問いに対し、「シリコンにも良い点はあるが、手作業で加工することができないし、ゴールドなどの素材と違って、100年経って故障した時に同ブランドが誇るリペアセンターの職人たちがパーツを再現することができないから今のところ予定はない」としている。

200年以上前から時計業界で使用され続けてきたお墨付きの素材しか使わない、A・ランゲ&ゾーネは素材について保守的なのではなく、慎重なのだと言い切っている(出所6)。このようにして、素材を通して強化した他者との圧倒的な違いを、素材を通して強調しているA・ランゲ&ゾーネのやり方に共感し、取り入れることができる日本の技術経営企業は少なくないはずだ。

素材による技術強調の参考になる事例としてカルティエも取り上げる。業界で前例がない素材や技術導入のアイデアを出して取り組む挑戦者はいつの時代にもどこの業界にもいるが、たいてい最初は「そんなのは不可能だ」と、あらゆる理由をつけて反対され批判を浴びる。それを乗り越えて評判を獲得すると、伝説の存在になるが、カルティエは素材や技術で様々な新規開拓に挑戦し、成果を出し、プロダクトに加えて素材加工技術そのものを自社のアイコン化して来た。その一つがプラチナだ。

あまりにも有名な話であるが、当時ジュエリーにおけるプラチナの使用はまだ少なく、その真価を認められるには至っていなかったプラチナは、貴金属の中でも格段に高価で容易に受け入れられる素材ではなかった。

しかし、堅牢で使用量がわずかで済むという性質を逆手にとって、ほとんど見えないほど繊細極まりない枠で宝石を留めることに成功した。ダイヤモンドを際立たせるが、プラチナ自体は目立たないというこの特質は、簡潔なデザインを目指したカルティエの要求を満たした。卓越した直感と、新しい素材への強い関心によって当時は疑問視されていたプラチナの採用を顧客に認めさせ、カルティエのジュエリーにおける軽やかさの代名詞にまで昇華させた（出所7）。

一般的に、高級ジュエリーで知られているブランドが宝石に比べると安価なシルバーやゴールドなどの素材を使ったプロダクトを発売し、それがあまりにも売れてしまうと「安物ラインで人気取りに走った」のような風評を受けてブランド価値が下がることもあるが、カルティエのように何かの素材を最初に取り入れ、その技術がブランドのお家芸にまで昇華されると、「素材加工」がブランドDNAとして認識され、このような現象が起きにくい。このように、カルティエはプロダクトに加えて、素材加工の領域でも技術力を強調している。

推測にはなるが、有名なラブブレスレットや3連リングで比較的安価なものがあって、若者が着けていてもブランドイメージが落ちないのは、根本的な線は崩さず、ブランドDNAとの一貫性を担保した上でのプロダクト伸張の結果であると思われる。下手なプロダクト拡張でブランド価値を下げてしまった経験があったり、ブランド価値が下がるのを恐れて新たな顧客層獲得に繋がるプロダクト拡張ができずに躊躇している企業にとっては、良い教訓となる。刻んできたブランドの歴史や創出したプロダクトだけでなく作る手法や過程もすべて経営資源として活用しているカルティエの事例は、何かの素材を加工して付加価値を創出しているビジネスに幅広く応用することができるのではないか。

原材料による技術強調の参考になる事例として、オフィチーネ パネライの蛍光塗料の例も挙げたい。

『ラジオミール（Radiomir）』は、軍用時計を起源としたオフィチーネ パネライの腕時計を代表するシリーズである。このラジオミールは、1938年にイタリア海軍のために製作した軍用腕時計を再現したものであり、その名前は、同社が独自に開発した蛍光塗料「ラジオミール」に由来する。暗闇や深海でも高い視認性を実現し、ねじ込み式のリューズによって防水性を飛躍的に高めている。また、同シリーズのラジオミール エイトデイズは、8日間のパワーリザーブ機能を備えており、一度、ゼンマイを巻き上げると約8日間駆動し続けるという大変高度な機構が採用されている。

また、『ルミノール（Luminor）』は、オフィチーネ パネライが時計を市販し始めた1993年に登場した、パネライを代表するシリーズである。名称の由来は、インデックスに塗装する発光塗料。このルミノールが一般向けに販売開始となったのは1993年だが、実際の製作は1940年代のイタリア軍向けモデルから開始された。そのため、ルミノールは、軍事の過酷な環境の中においても、正確に動作するように設計されている。暗闇や水中でも視認できる大型の文字盤に発光インデックス、特許を取得した独自リューズプロテクター、深海でも使用できる高い防水機能などは、軍専用となっていた当時から蓄積された技術の証である。

これらの蛍光塗料の使用は、オフィチーネ パネライの大きな特徴となっており、一目で同社の時計だと認識できるし、同社の技術力を語っている。ちなみに、同社のブティックやマニュファクチュールの入り口にも、『ルミノール』を模した緑色の針の大型の時計が飾られている。

3 技術やデザインを特許登録・商標登録でアピールする
――ヴァン クリーフ&アーペル

技術強化の方法は、技術以外にもある。とりわけ、価値の定義が難しい技術やプロダクトを創出しているブランドにとって参考になるのが、ヴァン クリーフ&アーペル（Van Cleef & Arpels）の事例だ。これまでに取り上げた他のブランドのように、明確な哲学やニーズに応えて創出した技術発祥のブランドとは異なり、曖昧性、抽象性が高く、模倣されやすい意匠的な価値に依拠している。宝石商の娘エステル・アーペル（Estelle Arpels）と、宝石細工職人の息子アルフレッド・ヴァン クリーフ（Alfred Van Cleef）の結婚と、二人が共有する価値観、すなわち、革新を恐れぬ情熱、家族愛、そして宝石への愛をブランド哲学の中心に据えている。このように意匠的な性質が高いプロダクトのオリジナリティは、定量的に証明するのが困難だ。同ブランドでは、特許や商標権を登録し守ることでブランド資産として蓄積してきた。珍しいことではないが、基本的にやるべきことをやっている事例として参考になる。また、模倣されるほど特徴的で有名なデザインを創出し、模倣されないように保護せよという逆説的な示唆にもなるのではないだろうか。

模倣品が出回りやすくなっている現代では特に重要だが、「技術」や「デザイン」という無形の資産を特許や商標などで守ることは、デザイナーや職人へのリスペクトでもあるし、企業にとっては経営資源としてこれらを保護し、発展させるために必須である。

自然モチーフや、バレエなど、意匠的なデザインの特徴は模倣の対象になりやすい

図表7-3　ヴァン クリーフ&アーペルの商標登録・特許登録の例

年	商標登録・特許登録
1932	新しい合金「スティプトール」の商標登録
1933	「ミステリーセッティング」の特許登録
1934	「ミディエール」の特許登録
1938	「多目的ジュエリーの」特許登録、「オーナメントファスナー」の特許登録
1939	「パスパルトゥー」の特許登録
1943	「フラジェール（肩章の飾りひも）」の商標登録
1961	キャッチフレーズ “Il est des signatures auxquelles on tient（人がこだわるサインがあります）” を登録

出所：シルビー・ローレ（Sylvie Raulet）著、坂本美鶴訳『ヴァン・クリーフ&アーペル Mémoire des marques』光琳社出版、1998年、73-74頁を基に筆者作成

上に、オリジナリティを主張するのが困難だ。それが理由というわけではないが、ヴァンクリーフ&アーペルは、ミステリーセッティングと呼ばれる独自の特許技術によるセッティングや、小物入れ、時計の技術などで差別化し、独自性を守るとともに、商標登録によってその価値を確保している（**図表7-3**）。

例えば有名なヴィンテージ・アルハンブラのクローバーモチーフのネックレスに関する2008年の訴訟では、クローバーが自然界の一般的な形状だということを考慮に入れても、同社のモチーフの配置などに独自性が認められ、著作権で保護される判決が出された（出所8）。

また、同ブランドでは言葉も登録している。「人がこだわるサインがあります」は長年にわたってヴァン クリーフ&アーペルのカタログなど、印刷物に記されていたキャッチフレーズで、ある顧客の実話が元になっている。

ある日、ヴァンドーム広場（Place Vendôme）のアトリエでサイズを直した指輪を受け取った際に、サイン（刻印）が消えてしまっていたことにがっかりしたという出来事があり、もちろん指輪のサインは再現されたが、この出来事がきっかけになって生まれたのがこのキャッチフレーズである（出所9）。

裁判になった場合、どのように説明し、解釈するのかによって明暗が分かれる場合も多くある。それゆえ、ブランドDNAの一部として、デザインや言葉、技術の目的や特徴や意味合いを社内のあらゆる人材が深く理解、共有し、ブレずに継承していくことも求められるし、登録によってあいまいな対象を明確に定義するきっかけになるであろう。これらの情報はデータベースが公開されており閲覧できるので、ものづくり企業やデザイナー、技術者を目指す人は、優れたプロダクトがどのように説明されているのか参考にすると勉強になるだろう。

§7-3　独自技術を伸張する

技術の伸張という表現から、最新鋭化を目指すことだと誤解されそうだが、本項で紹介する技術伸張のやり方は「ハイテク化」ではない。存在や価値を認識し、弱い点を強化し、強調してきた技術の価値を、一過性のものではなく、長期的に活用、発展させることができるブランド要素（経営資源）として安定化させる取り組みや、異なるプロダクトや用途に応用して活用範囲を増やす取り組みを紹介する。

マシンテクノロジーは新しさが命で、特に最近は短期間で模倣され、価値が低くなるかひどい時にはまったく無価値になることも多い。これに対し、本書で取り上げたブランドでは、人間の手によるテクノロジー（マシンを使って人間が作業をする場合も含む）を中心に、機械にできない作業で価値を創出しており、このようなヒューマンテクノロジーは模倣困難性が高く、蓄積されていく。特に参考にしたいのが、属人化しがちなヒューマンテクノロジーを、組織的に継承できる仕組みを作り、継承している点である。AIやハイテクの台頭に怯えるよりも、人間の知恵や手によってしか創出できない価値の存在や活用方法から、新たな競争力の源泉を見出していただきたい。

1 学校を設立して職人教育や技術の継承を行う——ヴァン クリーフ&アーペル

技術者不足、職人不足、継承への不安は国や業界を問わず重要な懸念事項である。ラグジュアリーブランド、特にフランスのブランドは国の取り組みにも助けられて、比較的早くからこのような問題に取り組んでいるケースが多い。教育と雇用創出で技術の継承、発展に繋げる取り組みをしている代表的な例として、ヴァン クリーフ&アーペル(Van Cleef & Arpels)の事例を取り上げる。

高級宝飾品ブランドであればどこでも、稀少で高価な宝石の原石と同じくらい重要な企業資産として位置付けているのが、技術者の獲得と育成である。職人の確保はどの業界でも頭痛の種だが、20年前とは状況が変わり、職人を希望する人材確保自体はそんなに難しくなっている。フランスでは、多くのラグジュアリーブランドや、教育機関はもとより、国の主導による職人養成と雇用創出に向けた努力により、状況が改善している。ただし、質はまちまちで特に40代から50代の熟練職人と、新世代に位置付けられる20代から30代の、モチベーションは高いものの訓練不足なまま採用された職人間のレベルの差が問題であった。職人の確保と質の担保を重要視するヴァン クリーフ&アーペルでは、自前の教育機関を設立した。

現CEOのニコラ・ボス（Nicolas Bos）はフランスのエリート校ESSECでMBAを取得した経営学畑の人間であるが、元々、カルティエ現代美術財団で働いており、ヴァン クリーフ&アーペルに転職した時はクリエイティブディレクターからスタートし、CEOになった現在も兼務でクリエイティブディレクターも務めていることから、一般的な経営層よりも職人教育や獲得の困難さや重要性への理解が深く、技術の継承ならびにその見せ方に長けていると思われる。このようなリーダーによる統率のもと、CEO就任年の2012年パリに創設された「レコール ジュエリーと宝飾芸術の学校（L'École des Arts Joailliers）」は、あまり知られることがなかったジュエリーと宝飾芸術の文化を、フランスだけでなく世界各国の人々に広めることを目的に創設された。

多彩な講義、対話型レクチャー、展覧会を通して、宝飾職人のサヴォアフェール（Savoir-faire：匠のノウハウ）や原石の世界、芸術史について幅広く学ぶことができる。講義や対話型レクチャー、エキシビションは世界中を巡回しており、開講翌年の2013年にはフランス外初の講座が日本でも開催された。

このように、教育機関としてのレコールの存在と活動は、グローバルに向けた対外活動ツールとしての役割も果たしており、「技術の伸張」の形態として注目したい。もちろん、第一の目的と役割はこの活動自体をブランドの文化の重要な一部と位置付けており、雇用創出に繋がる実用的なアプローチだとしている。同校の開校前は、いかにして質が高い商品を期限に間に合うように作るスキルを向上させるのか、という点に重きを置いた職人教育や雇用を行っていたが、その後ノウハウの伝達と教育が最重要課題だと認識が変化したことから、アトリエでは熟練職人と若い職人が、高いスキルを要求される作品に共に取り組んで、実地を通して技術継承や学びを深められる環境を提供している。これに加えて古参職人が古典的な技術だけでなく、テクノロジーを取り入れた技術を学べる環境を提供しており、これも「技術の伸張」の一形態と見ることができる（出所10）。

2　廃れつつあるプロダクトの存在価値を技術で再び引き出して付加価値を高める

——モンブラン

プロダクトはもちろんのこと、サービス面においてもイノベーションを起こすことはモンブラン（Montblanc）にとって最重要課題として君臨する。本事例は、ヒューマンテクノロジーによるマシンテクノロジーへの逆襲と言ってもいいだろう。モンブランの主力プロダクトである万年筆は手書き文字ツールであるが、パソコンやスマートフォンの普及で存在意義が脅かされ、新たな価値を見出すことを余儀なくされた。創出された新たな価値が、ローテクとハイテクを組み合わせて「人間の手で文字を書く」という行為のツールである万年筆の使用価値を高めることに成功した。本社を取材中に、万年筆のペン先「ニブ」のオーダーメイドサービスである『モンブラン ビスポーク ニブ (Montblanc Bespoke Nib)』を体験した記者はサービスのイノベーションを目の当たりにして驚き、感動した。

独自のコンピューターを使った筆跡診断に基づくペン先のパーソナライズができるシステムで、顧客の「筆圧」「筆記速度」「傾斜角度」「回転角度」「振幅角度」の5つのエレメントを瞬時に分析して、細かい点まで考慮に入れて最適なペン先を作り出すことができる。

ルッツ・ベートゲ (Lutz Bethge) 元CEOは、現代の消費者がコミュニケーションに近代的なテクノロジーを使い、万年筆のような道具を使う機会が減ってきている状況を、脅威であるだけでなく新たな機会と捉えている。

社会貢献の分野では、2004年からユニセフとのパートナーシップを締結し、世界中の子供たちに初等教育および識字率向上プログラムの維持を共通の目標に、数多くのプログラムに寄付などして貢献している。また、ベートゲ元CEOは書くという行為や、手書きのサイン、ノートに書かれた手書きの文字が持つ力や書くことによってもたらされるエモーショナルな価値の重要性と可能性を熱く語り、だからこそ、筆記具が全体売上の5割に到達する伸びを見せているのだ、と数字を示しつつハイテクなツールとの違いを明示している。

彼の前任者ノルベルト・プラット（Norbert Platt）が低価格帯の製品をやめて、モンブランのラグジュアリーブランドとしての立ち位置を表明したことを評価し、現在もエントリーモデルでアイコン商品の『マイスターシュテュック（Meisterstück）』が残っていることを示しながらも、常に最高品質のものしか作らず、妥協しない姿勢を崩さないことを強調する。

不必要なテクノロジー活用で自らの首を絞めるような商品やサービスを創出する企業も少なくない中、モンブランは手書きツールによる手書き経験の素晴らしさを引き出すためにテクノロジーを活用したサービスイノベーションを起こしている。

このように、技術力をサービスで具現化して見せること、そしてリシュモングループ傘下ブランド全体に言えることだが、ハイテクはあくまで価値があれば利用する、飲み込まれないというスタンスを貫いて革新を生み出すという技術伸張のやり方と考え方は、ＡＩの台頭に必要以上に怯える全世界のローテク企業にも参考になる。

3　特技を伸張させる外部資本を選ぶ――ブチェラッティ

ブチェラッティ（Buccellati）は技術伸張に専念するために外部から資金を獲得し、それでも不足を感じてマネジメント体制という経営資源にまで伸張して獲得することで「技術伸張によるブランド価値強化」の目的達成の態勢を構築した。中小企業が外部資本を入れたり買収されるというと、飲み込まれて個性を消されるようなネガティブなイメージを持たれがちだし、実際に資本獲得により技術伸張どころか、切り売りされて最後は何もなくなってしまうケースもある。特技を伸張させるブチェラッティの経営資源獲得手法とプロセスは、優れた技術はあるものの、飛躍できずにいる中小企業にとって示唆に富む事例だ。

それまで家族経営だったブチェラッティは、2013年にミラノを拠点にする投資会社のクレッシドラ（Clessidra SGR）に70%の株をおよそ99億円で売却した。他の家族経営ブランドと同様に、同社も危機に直面していた。

リシュモン傘下入り後もクリエイティブディレクター兼名誉会長として経営に携わっていたアンドレア・ブチェラッティ（Andrea Buccellati）は2015年のインタビューで、職人技術の次世代への継承と経営面での世代交代、経営資金の獲得、マネジメント体制の強化の3つを課題に挙げ、自力ではできない部分を補うため、そしてイタリアブランドのアイデンティティを保つために、イタリアのグループ（クレッシドラ）と組むことを決めた理由を説明している。その上で、株の大半がブチェラッティファミリー以外の手に渡ってからも、家族経営のメゾンであるという感覚は薄れていないと語っている（出所11）。

2017年からは250億円（2億ユーロ）を投じて同社85%の株を保有（残り15%は一族とイタリアのクレッシドラが保有）するようになった中国のガンタイ・グループ（剛泰控股［集団］股份有限公司：Gangtai Group）が100%ではないものの実質上のオーナーとして経営面でのマネジメントを行

っていた（出所12）。しかしガンタイ・グループのブチェラッティに対する投資は計画通りにはいかず、創業家は不満を抱えていると伝えられていた（出所13）。

ブランドの買収は、お金さえあればうまくいくわけではない。ラグジュアリー商品の購買の33％を占め、2025年までには世界の半数を占めるだろうと予測されているラグジュアリー消費大国、中国。しかし、消費大国の投資家が欧州のラグジュアリーを傘下に入れても、必ずしもうまくいくわけではない。まずは欧州の文化やそのブランド価値について文化的な理解を深くしなければいけないし、ブランドが保有する無形の価値を理解してマネジメントする能力を持たなければならないからである。ファッションやラグジュアリー分野における消費者としても、ビジネスマネジメントの面でも経験が豊富でない中国系資本が傘下に収めたとてうまくいく可能性は低い。

ブチェラッティと中国のガンタイ・グループの資本関係が3年弱と短命で終わった。同じ文化背景を持つ欧州の企業リシュモンによるマネジメントに移行したのも自然の流れであったことが示唆される（出所14）。

2019年リシュモングループ傘下に入った際、オーナーは「多くのラグジュアリーブランドを擁し、ジュエリー分野の経験が豊富な名門のリシュモンに加わることができて大変光栄に思う。長期的に戦略を策定する同社の考え方は素晴らしいと思うし、『ブチェラッティ』がリシュモンの一員として可能性を広げ、成果を上げられることを楽しみにしている」とリシュモンの長期的視野に喜びを示した（出所15）。

また、リシュモンの会長ヨハン・ルパート（Johann Rupert）は、「『ブチェラッティ』はそのスタイル、起源、クラフツマンシップにおいて、当社が擁するほかのジュエリーブランドを補完できる数少ない存在だ。独特のスタイルを持つ同ブランドを、長期的な目線で発展させていきたいと考えている。クリエイティブで個性的なジュエリーを探している顧客のニーズに応えてくれるだろう」と語った。

譲渡元のガンタイ・グループ創業者兼会長、シュイ・ジェンガン（徐健剛［Xu Jiangang］）は、「名門ジュエラーである『ブチェラッティ』の中国市場への進出をサポートし、そのブランド強化に貢献できたことを大変嬉しく思っている」とコメントした。今後、コロナ禍の影響で企業の倒産や廃業、買収や事業再生案件が増えると思われるが、高い技術力、独自の技術力を持つ日本の中小企業は、支援先、譲渡先などを検討する際に、ただ引き受けてくれる企業、資金提供をしてくれる企業を探して「生き延びる」のではなく、「持てる資源を活用して、価値伸張に繋がるかどうか」を視野に入れて最適な選択をしたいものだ。日本の小さくても突出した企業の自立、繁栄こそが日本の国力を担う力になっていくであろうし、そうなると信じたい。

出所1　フランコ・コローニ著、米沢悦子訳『ピアジェ〝時を刻む芸術品〟』平和堂貿易、1996年、16－24頁

出所2　フランコ・コローニ、前掲書、46－47頁

出所3　オフィチィーネ パネライの項は Angelo Bonati (2015) *Panerai*, Marsilio, Venezia. ならびにオフィチーネ パネライＨＰ (https://www.panerai.com) を参考にした。

出所4　Francesca Cartier Brickell (2009) *The Cartiers: The Untold Story of the Family Behind the Jewelry Empire*, Ballantine Books, New York.

出所5　Ａ・ランゲ&ゾーネＨＰ (https://www.alange-soehne.com/ja/stories/twofold-assembly)

出所6　"Your questions, our answers." https://www.youtube.com/watch?v=2JidMExXbL0

出所7　フランコ・コローニ (Franco Cologni)、エリック・ヌスバウム (Eric Nussbaum) 著、ＫＩＬＡ編集部監訳『カルティエ　プラチナの芸術家』徳間書店、１９９５年、15－16頁

出所8　https://www.knobbe.com/news/2019/01/crown-jewels-how-protect-your-jewelry-designs。

出所9　シルビー・ローレ著、坂本美鶴訳『ヴァン・クリーフ&アーペル　Mémoire des marques』光琳社出版、１９９８年、５頁

出所10　Nazanin Lankarani, "Interview with Nicolas Bos: The CEO of Van Cleef & Arpels discusses the pragmatic appeal of craftsmanship.", 17 June 2019

出所11　https://www.alainelkanninterviews.com/andrea-buccellati/

出所12　https://www.citywealthmag.com/news/gangtai-group-completes-acquistion-buccellati-announces-€200mn-investments

出所13　https://wwd.com/accessories-news/jewelry/buccellati-rumors-not-stopping-growth-plans-for-100th-anniversary-celebrations-in-1202911930/

出所14　https://wwd.com/business-news/business-features/brands-look-chinese-investment-1203174178/

出所15　https://www.richemont.com/10-press-news/other-group-announcements/772-richemont-acquires-buccellati.html

Chapter 8

まとめ、提言

§8-1 まとめ——歴史、土地、人物、技術をブランド要素（経営資源）として活用せよ

第4章から第7章の事例を通して、リシュモン（Richmont）傘下のラグジュアリーブランドがどのようなブランド要素（経営資源）をどのようにしてブランド価値に転換してきたのかを示した。「§1-2 日用生活品とラグジュアリーのブランドの構成要素の違い」で示したように、歴史、土地、人物、技術の4大ブランド構成要素（経営資源）を重視したブランディングを行っていることから、4要素に大胆に割り振って考察し、筆者らの見解を示した。しかし、これが唯一絶対の正解ではない。そもそも、ビジネス書は経営アドバイスを示すことや、企業や業界の将来予測をするものではないし、環境は変化するので、解釈は常に変動する。それでも、あ

る程度は成功パターンが存在する。だからこそ、事例を過去まで遡って一定の基準で考察する意義があるのだと筆者らは考えている。

ラグジュアリーの特徴や、なぜ日本企業が真似るべきなのかは冒頭で述べたので、繰り返しはしない。一つ明確なことは、継承を経験して、現代まで環境変化を乗り越えて輝き続けているブランドの戦略は、「己が何たるかをよく理解し、自分以外の何者にもならないようにする」ことと、それが他者にもわかるように伝え続け、その個性を磨き、高め続けることに他ならない、ということである。

歌舞伎役者と同じで、自分の持ち味（人となりや芸風）をきちんと理解して、適切な衣装やメイクを選び、価値を理解してくれる後援者（ないしはマネジャー）を選んで、適切な演目と役柄（「仁《にん》に合う」という）で演じることを繰り返す。評価が上がれば、大きな舞台に出たり（規模拡大）、海外公演（グローバル進出）をしたり、新派や新劇、ミュージカルやドラマなど、本業（歌舞伎俳優）のイメージを損なわない範囲で活躍の舞台を広げる（ブランド伸張）ということを繰り返していくことだ。

己が何者なのかを知るには、歴史、土地、人物、技術を認識し、認識したら外部に価値として伝わるように強化・強調する。さらに価値に伸びしろがあれば、様々な方法で伸張させる。

ラグジュアリーブランド独自の奇策や秘策があるわけではなく、元々持っている資源を発掘し、強化・強調、伸張し、構築されたブランド価値を脈々と蓄積して、変化に対応してきただけなのである。しかし、やるべきことはしっかりやっていて抜け目がないし、本書で取り上げたブランドについてはリシュモングループという個性を理解して生かすのが得意な親方の力もあって、このような戦略が成立していることも言い添えたい。

なお、補章1や補章2も併せてお読みいただければラグジュアリーのお作法や方向性、リシュモンと他のコングロマリットの違いなどについて、より理解を深めることができるだろう。

本書は、読者のみなさんが自社あるいは競合他社の戦略を考える際に、価値や方向性を見出すための思考訓練に役立てられるように構成した。事例から得られる示唆と、そこから具体的な行動に繋げるためのヒントをまとめて**図表8－1**に示す。

図表8－1中の「チェック項目」の問いは、ＹｅｓかＮｏで答えられるように設定してあるので、まずは答えを考えてみて、Ｙｅｓなら具体的な内容を書き出し、Ｎｏなら改善策を書き出すというように使っていただければ具体的なアクションに繋げられることだろう。なお、チェック項目は代表的な質問を挙げてあるだけなので、もちろん表にある以上の質問を考えて足していただいてもよい。すべてには当てはまらなくても、経営者が自社の戦略策定に使ってもいいし、一般社員、新入社員に自社を学ぶための研修資料として活用していただいてもいい。また、新旧社員が意見交換をするための叩き台にもできるように工夫をしてリスト化した。

応用編だが、本書の実務的な活用度を上げるための読み方を1つ紹介する。まず頭から順番通りに読み、4大ブランド構成要素（経営資源）についての理解を深めた後に、以下のまとめ表

土地

例	法則	期待される効果	チェック項目（Yesなら具体的に書き出し、Noなら改善策を書き出す）
5-1（1）	創業の想いを地名に託して、ブランド名やロゴで表明する ブランドと例）モンブランのブランド名とホワイトスター（ロゴ）	消費者がブランド価値に内包される創業の想いや、事業を実現するのに不可欠な特徴（価値）を認識しやすくなる 社内の人間がブランド価値に内包される創業の想いや、事業を実現するのに不可欠な特徴（価値）を認識しやすくなる ブランドの説明をする機会を得やすくなる	ブランド名に創業の想いと関連する土地の名前が使われているか ブランドロゴに創業の想いと関連する土地が表現されているか ブランドの名前やロゴはブランドの価値説明につながるか ブランドの名前やロゴは人々の記憶に残りやすいか
5-1（2）	創業地が持つ価値（意味）をブランド名で表明する ブランドと例）IWCシャフハウゼンのシャフハウゼン（土地の名前）	消費者との接点を持ち、価値を伝える大事なツールになる ブランドが創出する価値の説明機会を獲得できる	創業の想いや、創業地が持つ特徴がネーミングに反映されているか 土地そのものや土地に関連するストーリーはあるか ブランド（企業）の変遷と社名の意義や関連性が社外の人間にもわかるように説明できる状態になっているか
5-1（3）	創業地が辺鄙であっても主力工場として大切にして存続・発展させる ブランドと例）ピアジェのラ・コート・オ・フェ	ブランドのコアバリュー創出源になる	土地の産業特性や利点を理解しているか 土地の産業特性はブランドが創出する価値に紐付けられているか ブランド資産として価値を創出しているか PRに活用しているか
5-1（4）	不利な土地をあえて聖地化する ブランドと例）オフィチーネ パネライのイタリア	ブランド価値構築に有利に働く	その土地の特徴を理解しているか ブランド差別化要因として有利に働くか
5-2（1）	土地（生産地）は最適な場所に分散させて価値を強化する ブランドと例）モンブランのプロダクト別生産地	各事業分野（プロダクト）の質が高まる 各事業分野間の連携が高まる（社内の組織力が向上する） 企業としての生産能力が上がる（製造ノウハウを獲得できる）	事業分野（プロダクト）の特性に合う生産地を把握しているか 事業分野（プロダクト）の特性に合う生産地を選択しているか 事業分野間の連携は効果的にされているか 各事業分野の生産性は向上しているか（最高品質のものを生み出すための施設や組織構造になっているか）
5-2（2）	旗艦店を使って聖地の強化・強調をする ブランドと例）ピアジェのジュネーヴ旗艦店	新規顧客層を獲得することができる イメージ作りの源になる	求めるブランドイメージに見合う場所か（イメージに見合う人々の往来があるか） 求めるブランドイメージに見合う雰囲気作りができているか ブランドの存在を知らせる役割を果たしているか 知った後に、顧客が来られる状況になっているか
5-3（1）	製造現場（工場）に特別な意味を持たせて聖地化し、土地の価値を伸張する ブランドと例）IWCシャフハウゼンの創業地にある見学できる工場	（ブランドを）存在させる、だけでなく、「見せる」ことで価値伸張に繋がる ブランド理念と技術力をアピールできる	「創業の想い」は表れているか（ブランドのアイデンティティに繋がっているか） 見せ方に工夫をしているか ただの製造場所に付加価値を与え、訪れる人の感情に訴えているか 社内の人間に良い影響や利便性を与えているか 外部の人間の信頼を獲得し、興味を喚起できているか

図表8-1　第4章〜第7章の示唆のまとめ

歴史

例	法則	期待される効果	チェック項目（Yesなら具体的に書き出し、Noなら改善策を書き出す）
4-1（1）	技術発展の歴史をアピールする あるいは 博物館などで技術発展の歴史をアピールする ブランドと例）IWCシャフハウゼンのIWCミュージアム	ブランド、企業の歴史が時系列、テーマ別に閲覧できる状態になっていると、社内外両方において意味と価値を発揮する	歴史（企業の情報）は内部の人間が閲覧できる状態になっているか 歴史に意味を見出しているか 歴史に価値を与えているか 歴史を外部の人（消費者など）に見せられる状態になっているか
4-2（1）	歴史の長さや重みは何が凄いのかを具体的に強調して、他社との違いを際立たせる ブランドと例）ヴァシュロン・コンスタンタンの長い歴史	歴史の継続性を強調することで、ブランド価値に深みと悠久さが加わる	自社の歴史の何が凄いのかを把握しているか 自社の歴史の何が凄いのか具体的に強調しているか （歴史を使うことによってブランド、企業に）深みと悠久さが増して見えるか 代替不可能な理由と価値が加わっているのがわかるようになっているか
4-2（2）	一度途絶えたブランドを後世で復興させアピールする ブランドと例）A.ランゲ&ゾーネの創業家（の人物）発掘	ブランド、企業の価値が歴史によって顕在化することで、買収の対象になり、一つの企業が生き返る可能性がある	自社の歴史が短いとか、特徴に欠けているといった欠点があるか 独自性と価値がある（創業）ファミリーネーム（人物）が存在するか （一度歴史が途絶えている場合）掘り起こすことができそうな歴史はあるか
4-3（1）	合併・買収したブランドの歴史とDNAを途絶えさせない ブランドと例）ピアジェのピアジェ家名称を残す	（継続性がある）強いブランドイメージの浸透する ブランド価値が向上する	歴史に不連続を感じさせないようになっている（途絶えていない感じを与えている）か 歴史をブランド価値として後世に伸張できているか
4-3（2）、（3）	社会貢献を潜在顧客層との出会いの場に活用する ブランドと例）モンブランと、「言葉」「書く」に紐づいた社会貢献、オフィチーネ パネライと「海」に紐づいた社会貢献	潜在顧客層との繋がりを持つ手段になる ブランドとプロダクトの結びつきによるイメージが強化される/向上する	自社の核や歴史に関連性が高い社会貢献を行っているか（現在行っている社会貢献活動は自社の核や歴史と関連性が高いか） 自社プロダクトやサービス創出の源になった文化や歴史が何を意味するのか理解しているか 自社プロダクトやサービス創出の源になった文化や歴史を使ったどのような社会活動が可能なのか把握できているか
4-3（4）	芸術、文化施設や財団を活用してギャップを作り、新たな顧客層との出会いを作る ブランドと例）カルティエと財団、美術館	歴史や伝統を匂わせつつ、時代に合わせた軽さや新しさを感じさせることができる （ブランドに）高級感とアクセシビリティ（アフォーダビリティ）の両方を保ち、高めることができる	古さと新しさ、高級感とアクセシビリティなどのギャップをうまく出せているか ギャップによってブランド価値に重みと「正統性」と「真正性」が加わっているか 新たな顧客層との出会いに繋がっているか

技術

例	法則	期待される効果	チェック項目（Yesなら具体的に書き出し、Noなら改善策を書き出す）
7-1（1）	他社が使いたくなるくらい独自性が高いコア技術を確立したら、思い切って自社ブランド化する ブランドと例）ピアジェの自社ブランド化	卓越した技術の価値を外部に認識させることができる（ブランドを構築することができる）	独自の技術があるのに、下請けに甘んじていないか 技術をプロダクトに反映させて、マーケットで支持されるようなデザイン力はあるか ブランドとして独立する覚悟と経営資源は揃っているか
7-1（2）	修理部門（サービス）などで技術をアピールする ブランドと例）オフィチーネ パネライの修理サービス	潜在顧客の目に留まり、提供しているプロダクトだけでなく技術力についての認知が広まる 新たな商機が生まれる	自社が提供している技術を認識しているか 自社技術を外部に向かって表明しているか（外部から見て何を提供できるブランド/企業なのかわかるようになっているか） 自社が提供している技術やサービスがブランド名（屋号）に表れているか プロダクトに付随するあらゆるサービスを行い、外部にそのことが伝わっているか
7-2（1）	利益が出ない開発を進めて技術力をアピールする ブランドと例）カルティエの時計「クラッシュ」	将来のブランド資産に発展する 試行錯誤の過程で生み出された技術を獲得できる 将来のプロダクトに繋がるアイデアを得られる 目標達成までやりぬく力がつく	技術的に難しいプロジェクトを成功させた例はあるか 開発過程で得た副産物はあるか 開発過程で得た副産物が、現在まで他のプロダクトに活用されているか（応用されているか） プロダクトだけでなく、開発過程やストーリーをPRに活用しているか
7-2（2）	他社と違う素材を使う技術をアピールする ブランドと例）A.ランゲ＆ゾーネの洋銀、カルティエのプラチナ	他社が容易に模倣できない独自性を確立できる	他社とは違う技術を持っているか 他社とは違う技術が、ブランド価値にどう貢献しているのかを理解しているか 他社とは違う技術を持っていることが、プロダクトの価値として顧客に伝わっているか
7-2（3）	技術やデザインを特許登録・商標登録でアピールする ブランドと例）ヴァンクリーフ＆アーペルの商標登録、特許登録	（経営資源を保護することでプロダクトのアイデンティティが強化され、）発展（派生）させることができる デザイナーや職人への敬意を表すことができる	模倣されるほど特徴的で有名なデザインを創出しているか 模倣されないように保護しているか デザインや言葉、技術の目的や特徴や意味合いを社内のあらゆる人材が深く理解、共有しているか デザインや言葉、技術の目的や特徴や意味合いをブレずに継承していくことができる状態になっているか（あいまいな対象を明確に定義できるようになっているか）
7-3（1）	学校（教育機関）を設立して、職人教育や技術の継承を行う ブランドと例）ヴァン クリーフ＆アーペルのレコール ジュエリーと宝飾芸術の学校	技術の継承、発展に繋がる 自社の企業資産の源（職人、技術）を確保できる 自社プロダクトにまつわる文化の対外普及ツールとして役立つ ブランドイメージが向上する	技術者、職人の育成が必要な分野を把握しているか 技術者、職人の育成ノウハウがあるか 職人教育や獲得の困難さや重要性、技術の継承ならびにその見せ方について知識や経験がある人材はいるか 職人教育や技術継承の活動をブランドイメージの一環としてアピールしているか
7-3（2）	技術進化によって廃れつつあったプロダクトの存在価値を、技術で引き出して付加価値を高める ブランドと例）モンブランのビスポーク ニブ	コアプロダクトの使用価値（付加価値）が高まる 技術力をアピールすることができる	コアプロダクトの使用価値を理解しているか コアプロダクトの使用価値に加えることができる新たな価値はあるか コアプロダクトの使用価値に加えることができる新たな価値を実現できる技術力はあるか コアプロダクトの使用価値が顧客に伝わっているか
7-3（3）	特技を伸張させる外部資本を選ぶ ブランドと例）ブチェラッティのリシュモン傘下入り	ブランドのアイデンティティ（独自価値）を保ったまま飛躍することができる	外部資本企業は自社の国の文化やそのブランド価値について文化的な理解をしているか 外部資本企業は自社ブランドの無形価値を理解しているか（外部資本企業に自社ブランドの無形価値を説明できるレベルで把握しているか） 外部資本企業は自社ブランドの無形価値を理解し、活用するマネジメント能力があるか

出所：筆者作成

人物

例	法則	期待される効果	チェック項目（Yesなら具体的に書き出し、Noなら改善策を書き出す）
6-1（1）	創業者のこだわりを展示会などで可視化して、対外アピールと継承の手段に使う ブランドと例）アライアのアーカイブ展示会	（創業者のこだわりから生まれた）悠久性が高い価値を、創出者亡き後も継承し、発展させることができる	（創業者のこだわりから生まれた）悠久性が高い価値にどんなものがあるのか、内部の人々がわかるようになっているか （創業者のこだわりから生まれた）悠久性が高い価値を後継者が継承できるようになっているか （創業者のこだわりから生まれた）悠久性が高い価値を外部の人間がわかるようにアピールする手段を理解しているか （創業者のこだわりから生まれた）悠久性が高い価値を外部の人間がわかるようにアピールする機会を創出しているか
6-2（1）	技術者・職人の情熱とスキルをブランド価値に転換する ブランドと例）IWCシャフハウゼンの天才技術者クルト・クラウス	PRツールに使える（ストーリーテリングや、付随するブランド・エクスペリエンスによるブランドイメージ向上） 技術者個人へのリスペクトによって製品の魅力が増す ブランドの独自価値が強調される	職人がブランドを代表する作品を作れるくらいすごいものづくりの基盤を持っているか 技術者や職人の情熱やスキルが、組織やものづくりの仕組構築にどう貢献しているのかを理解しているか 技術者や職人を前面に出してアピールの材料として活用しているか
6-2（2）	伝説のクリエイティブディレクターを使ってブランドDNAをアピールする ブランドと例）カルティエのクリエイティブディレクター　ジャンヌ・トゥーサンと映画『オーシャンズ8』	ブランドDNAの普及に繋がる（顧客に「らしさ」が浸透する）	ブランドのアイデンティティ構築や技術力創出に貢献した人物は存在するか ブランドアピールに活用できそうな「知られざる人物」は存在するか ブランドやプロダクトに関係が深い著名人、文化人顧客、顧客との接点である営業担当や店舗のスタッフはいるか ブランドアイデンティティ構築に貢献するようなエピソードがあるか その人物を通してアピールすることで、ブランドの世界観や哲学を訴求することができるか
6-2（3）	2つの創業家の協働をプロダクトやブランドの一部としてアピールする ブランドと例）ジャガー・ルクルトの　アントワーヌ・ルクルトとエドモン・ジェイジャーの名前	ブランドの価値観（姿勢）が消費者に伝わる	人物（ファミリー）の名前は、単に人や家の名前を表す記号ではなく、哲学や姿勢の象徴として機能しているか 創業家（の人物）の功績がもたらした価値を理解しているか ネーミングに創業家の名前を使うことがブランドの価値観訴求に繋がるか
6-3（1）	人物の哲学を反映させたアイコンプロダクトを創出して、ブランド継承、維持発展手段にする ブランドと例）ヴァン クリーフ&アーペルのアルハンブラ シリーズ	ブランドイメージを毀損することなく継承することができる 時代の変化に応じてブランドイメージを上手く刷新することが容易になる	ブランド創始者やデザイナーの哲学から生まれ、誕生した瞬間から、そのブランドが存続する限り続くプロダクトがあるか そのプロダクトを見れば大きなロゴを配していなくても人々はそのブランドを想起できるか（そのプロダクトなくしてそのブランドを語ることはできないようなプロダクトか） サイズや素材、色、多少のデザインが変わってもそのプロダクトの特徴は失われないか

に基づいて自社や、ベンチマークしている競合企業について今後の戦略策定アクションプランに繫がる具体項目を書き出す。その後で、再び事例を読み、第1章、第2章の理論で「なぜラグジュアリーを参考にするべきなのか」「ラグジュアリーのどのような点が参考になるのか」など総論を確認する。このように戻り読みをすることで、納得感と理解度が高まり、自社で法則を適用する際に説得力が増すだろう。

§8-2 提言──日本企業は感性価値ブランディングで世界に羽ばたけ

本書では、カルティエをはじめとするリシュモングループ傘下のラグジュアリーブランドを対象に、感性価値、ひいてはブランド力の源泉である歴史、土地、人物、技術を4大ブランド要素（経営資源）として重視し活用したブランディングを分析した。

具体的には、§1-2で日用生活品（FMCG）と比較してラグジュアリーブランドでは「歴史、土地、人物、技術をブランド要素（経営資源）として感性価値やブランド力向上に活用している」として、それぞれについて第4章〜第7章の事例で解説している。これは学術的には、§1-2で上記の仮説を提示し、第4章〜第7章の事例でこの仮説を検証した形になっている。

日本企業はこれらをそもそもブランディングに活用できるブランド要素（経営資源）として認識しておらず、まして活用しているとは言いがたい。「歴史、土地、人物、技術をブランド要素（経営資源）として活用するブランディング」を行うことによって、日本から世界に向けてアピールし、欧州のラグジュアリーブランドを超えるブランド（日本的ラグジュアリーブランド）として発展する可能性も大きい。けっしてこれは絵空事ではない。

日本国内においては素晴らしい品質と世界に対しても誇れる製品を作り続けているものづくり企業が存在している。特に中小の地場伝統ものづくり企業の多くは存亡の危機に瀕しているが、いわゆるラグジュアリーブランドが欧州の地場伝統ものづくり企業であることを鑑みると、あり得べからざる事態ないしは大きな間違いである。それら企業が今後、日本的ラグジュアリーブランド企業として羽ばたき、国内はもとより海外においても広がることで、地方創生、ひいては日本経済の活性に繫がっていくのではないかと考える。

外部の資本を入れたり、合併や買収されるにしても、ただ部品や歯車として吸収されるだけではなく、買収企業のコアエンジンを提供し、買収後もブランドが活用されるくらいの独自価値をアピールできるレベルに高めておきたい（モンブランにおけるミネルバの例を参照）。また、事業や雇用の継続など単なる延命のための後ろ向きな身売りではなく、世界展開をする手段として投資を呼び込み、マネジメントリソースを獲得するための前向きな準備と考えてブランド戦略を考えていただきたい。コロナ禍で倒産や買収が増えている状況では、その可能性も考えておく必要があるだろう。

もちろん、本書で明らかにした「歴史、土地、人物、技術をブランド要素（経営資源）として活用するブランディング」は、地場伝統企業に限らず、日本の製造業全般にも適用できると考えている。

日本でつくると品質は良いけれど価格が高くなる。日本の製造業が目指すべき道筋は何か。新興国メーカーが低価格製品により追い上げてきているので、ジリ貧になっている。そうすると価値づくりを忘れて、そもそもゲームのルールが変わったのに、どうやって安くつくるかしか考えない。当然、行き着くのはコストダウンの消耗戦であり、ブランドも企業も疲弊する。

安くつくるために工場をアジア、たとえば、中国沿岸部に移転した。沿岸部も人件費が高くなったら、もっと奥地に行く。あるいは日中関係が微妙になったら、今度はタイ、ベトナム、ミャンマーだ。一体、こんなことをいつまでやっているのか。バングラデシュ、スリランカまで行ったら、もうアジアは終わりであるから、そうするとあとは欧州がすでに進出している北アフリカ、中国がすでに進出している中央アフリカ、あるいはマダガスカル島まで行ったら、もう地球上で行くところがなくなる。それは場当たり、時間稼ぎや対症療法でしかない。図らずも昨今のコロナ禍で、中国工場に部品が届かず、図面も日本にはなくて慌てた製造企業もあったと聞く。

日本でつくると高くなるのであるから、高くなってしまう価格を上回る、または価格が関係なくなって値踏みできないプライスレス（priceless）な価値をつくらなければならない。すなわち、日本らしさやその企業らしさを生かした高くても売れる製品、これでなくては駄目なんだという絶対的非代替で、熱烈に支持されるブランドをつくるのが正しい。そのためには、日本企業とは違いすぎて参考にならないGAFAを仰ぎ見るのではなく、元々は欧州の地場伝統ものづくり企業であったリシュモングループ傘下のラグジュアリーブランドを参考にし、これらから導かれた「感性価値ブランディング」を実践することだと申し上げたい。

「手段が目的となることを趣味という」——。オーディオ評論家の故長岡鉄男が残した名言である（I・ロングという人の名言を引用したという説もある）。これに倣えば、卓越した品質や製品を目指して、歴史に基づく伝統（heritage）や土地への愛着（attachment）から生まれる正統性（orthodoxy）や真正性（authenticity）、人物が持つ情熱（passion）やこだわり（elaboration）、技術から生まれる独自性（originality）や正当性（legitimacy）を反映させてものづくりした結果、これらが製品に作り込まれて企業がブランド化する。そして、製品が売れて企業が成長する。しかし、その手段ないしは背景である歴史、土地、人物、技術自体がブランド化するのが「感性価値ブランディング」である。

極論すれば、生活必需品ではない「趣味のもの」のために作り込むべきは、その結果系ないしは目的である「もの」すなわち製品のようであって、実はその原因系ないしは手段や背景である歴史、土地、人物、技術である。そして、売るべきは、製品よりもむしろ、歴史に基づく伝統、土地への愛着やこだわり、人物の想い、技術に対する情熱である。したがって、「感性価値ブランディング」でブランド要素化（経営資源化）してアピールすべきは、製品を超えた、歴史、土地、人物、技術である。ただ、これらは目に見えないコト（intangibles）なので、ものづくりによって目に見える形としての卓越した製品（tangibles）となり、適正価格（世間的には高価格）に値付けされ、流通チャネルはこれらを伝えることができる直営店または特約店に限定して、ほとんど広告しなくても、ものづくりの伝統、愛着やこだわり、想い、情熱に共感あるいは共鳴する消費者に「高くても売れる」ことになるし、「熱烈なファンがいる」ことに繋がる。

つまり、「卓越した品質の製品を、高価格で、チャネルを限定して、ほとんど広告せずに売る」のである。これは、日用生活品（FMCG）における「十分な品質の製品を、低価格で、スーパーなどの広い流通チャネルを通して、大量の広告宣伝をして売る」というマスマーケティングの対極にある。

生活必需品ではない「趣味のもの」をつくってブランド力を強化し高く売るには、このものづくりに関わる歴史、土地、人物、技術をブランド要素（経営資源）として積極的に活用して、伝統、愛着やこだわり、想い、情熱を売る「感性価値ブランディング」が決め手になる。

［補章］ラグジュアリー戦略、日本の萌芽的事例

§A-1　ラグジュアリーの今昔未来

筆者らはラグジュアリーブランドの研究を長年行って来たが、およそこの20年弱の間にも大きく様変わりし、主要プレイヤーも入れ替わっているし、これからも変わっていくことだろう。本編では、個別のブランドがどのように変化に対応してブランド価値を維持、継承、発展させたのかについて事例で示した。本節では、業界全体の動きを4つの観点から示す。ラグジュアリーを取り巻く環境がどのように変化したのか把握し、求められる価値についての知見を深めることで、これから起きうることを考える際にどのような要素を考慮に入れる必要があるのかについて視座を得ていただければと思う。

1　時代とともに変化するラグジュアリー

まず、ラグジュアリー産業の変遷を簡略化して**図表A‐1**のように一覧に示す。先に述べたように、ラグジュアリー産業はまだ成熟しておらず、決まった定義は存在しないというか、定義をする意味がないくらい変化しているし、立場によって解釈も異なる。どれが正しいとか、間違っているとか上とか下という次元の問題ではないので、ここでは本書の目的に合うレベルの理解をしていただくことを主眼に置いて大胆にわかりやすくまとめている。ラグジュアリーやファッション産業関係者の読者が異論を唱えたくなる点もあろうかと思うが、目を瞑っていただきたい。

2　ラグジュアリーブランドの3つの方向性

紆余曲折を経て、ラグジュアリーブランドが採用している戦略の方向性は大まかに以下の3つに分かれた。

1　ラグジュアリー戦略（普遍性が高いデザインや機能を持ち、価値に永続性があるものを高価格で適量売る）

2　ファッション戦略（流行性が高く価値が短命なものを頻繁にたくさん売る）

図表 A-1　ラグジュアリー産業の特徴とその変遷

	ラグジュアリー産業誕生以前	ラグジュアリー産業形成期：1980年代～2000年前半	SNS時代：2000年代前半～現在（2020年）
価値	・アリストクラシー（貴族性）、クラス（階級性）	・一般人の経済力や社会的地位の表現ツール	・若者や一般人の（SNSでの）話題性作りツール、個性演出のツール（ものはたくさん持っているからこれ以上いらない消費者世代）
供給側（企業）の注力要素	・良い商品を作る	・良い商品を作る	・良い商品・流通力＋情報（ブランドの蘊蓄）＋場（見せる場面、インスタ映え、話題性があるイベント）を提供する力
	・排他性を創出する	・流通	—
ビジネスモデル	—	・ものづくり、職人集団からビジネス、産業へと変化	・排他的ビジネスから多様性ビジネスへと変化
		・ファミリービジネス、ローカルビジネスからグローバルビジネスへと変化	・業種、階級、国、人種を超えた協力関係による新たな需要創出ニーズの高まり
顧客価値・ブランド価値	・（ブランド側が創出して提供する）個性を受け手が受け入れる、受け入れられる人だけが顧客	・アクセシブル、アフォーダブルな要素をうまくミックス（同質化・コモディティ化）	・ブランド側が個々の解釈を尊重し、多様な選択肢や解釈を用意する、誰もが潜在顧客、民主化、情報社会化

出所：筆者作成

3　ハイブリッド戦略（ラグジュアリー戦略とファッション戦略のミックス）

いわゆるファッションブランド全般は「ファッション戦略」を採っている。また、ラグジュアリーブランドで「ラグジュアリー戦略」を採っているブランドも多い。これは当たり前のように思われるかもしれないが、必ずしもそうではない。

ラグジュアリーブランドであっても、「ファッション戦略」を採っているブランドや、部分的に「ファッション戦略」も採用して「ラグジュアリー戦略」とミックスした「ハイブリッド戦略」を採っているブランドもある。これとは対照的に、ファッションブランドで「ハイブリッド戦略」を採っているブランドもある。

ハイファッションブランドは様々で、「ラグジュアリー戦略」を採っているブランド、「ファッション戦略」を採っているブランド、「ハイブリッド戦略」を採っているブランドもある。

筆者の独断でブランド例を挙げたものを**図表A－2**に示す。

中でも、本書の考察対象になっているリシュモングループが保有するブランドは宝飾や高級時計のブランドがメインであるため、流行性が高い商品に依存しない「1　ラグジュアリーブランドのラグジュアリー戦略」を採っている。

筆者らがラグジュアリーブランドの研究を始めた2000年代初頭は、まだ業界が確立しておらず、研究が成熟していなかったこともあり、「日本初ラグジュアリーを目指せ」というような趣旨の提案をしていた。しかし、ラグジュアリー戦略が細分化された今、「ラグジュアリーモデル」という1つの型ではなく、共通項はあるものの、ブランドによって異なることが20年ほどを経て明らかになってきた。どれが良くてどれが悪いということではなく、向き不向きがあり、日本企業にとって最も多くの示唆を得られるのが、ラグジュアリーブランドが「ラグジュアリー戦略」を採っているリシュモングループのやり方ではないかという結論に至った。

ラグジュアリーブランドのファッション戦略は、そもそもラグジュアリーの立場を確立してからでないとできないし、ファッションブランドやハイファッションブランドが「ラグジュアリー戦略」を採用してラグジュアリー化するのは、流行性が高く短

図表A-2　ラグジュアリー戦略の3つのモデルとブランド例

		戦略		
		1. ラグジュアリー 戦略	2. ファッション 戦略	3. ハイブリッド 戦略
ブランドカテゴリー	ラグジュアリーブランド	エルメス、シャネル、リシュモン傘下の時計ブランド、宝飾ブランド	プラダ、バーバリー、フェラガモ	グッチ、ルイ・ヴィトン、フェンディ、クリスチャンディオール
	ファッションブランド	なし	いわゆるファッションブランド全般	ラルフ・ローレン、ドルチェ＆ガッバーナ
	ハイファッションブランド	ヴェルサーチェ、ミッソーニ、アライア	バレンシアガ、イヴ・サンローラン	アルマーニ、トム・フォード

出所：筆者作成

命な価値（ファッション）を、永続性のあるものに昇華させることであるから時間がかかりすぎるし、成功例がまだ存在しない（成功しつつある企業はある）。流行性が高い商品や商売は、流行が終わると流行遅れになる。これは英語の方がニュアンスをよく表しているかもしれない。旬《しゅん》なものはin fashionで、旬が終わったらout of fashionになってしまうのが流行性商品の宿命である。流行は変化するので、しょっちゅう新しいものを追いかけ、新しさを創出し続けなくてはならない。コストもかかるし、デザイン力にしても、生産技術にしても、顧客が受け取るイメージや記憶にしても、累積効果を期待しにくく経営効率が良いとは言えないし、当たるか当たらないかで業績が不安定になりがちである。

この点、リシュモン傘下のラグジュアリーブランドが採用している「ラグジュアリー戦略」は、各ブランドが有しているブランド要素（経営資源）と共通する点を多く持つ日本の企業が参考にしやすいし、長期的な競争優位性を確立したい企業にとっては、手本になるものだと確信している。

3　プレミアムとラグジュアリー戦略は異なる

日用生活品（FMCG）とラグジュアリーでは、重視されるブランド要素が異なる点については再三強調して来たし、明らかに異なるので、混同されることはないだろう。ラグジュアリーとプレミアムは、一見類似しているので誤解されることがよくあるが、根本的に異なるので、それについて説明する。

今となっては海外でもラグジュアリーブランドとしてのポジションを確立しつつあるレクサスは、7〜8年前まで「自称ラグジュアリーのプレミアムカー」だと言われていた。ラグジュアリー研究の第一人者であるJ＝N・カプフェレ（Jean-Noël Kapferer）教授らも、レクサスが自分たちはラグジュアリーだと言っているが、レクサスがやっているのはプレミアムブランドの戦略だと指摘している（『ラグジュアリー戦略』第2章）。ラグジュアリーとは相対的な比較級（comparative）ではなく、絶対的で比較の対象がない最上級（superlative）である。カプフェレらは米国でのメルセデスEクラスと比較したレクサスの広告を引き合いに出して、「比較をする時点でプレミアムブランドだ」と断じている。日本はなんでも比較したがり、我々は他社より良い（優れた）商品を提供している、コストパフォーマンスが優れていると言いたがるのだという彼の主張は悔しいが頷ける部分もある。

レクサスのブランド立ち上げ期は、それまでのセルシオ改めレクサスLS、ソアラ改めレクサスSC、アリスト改めレクサスGS、アルテッツァ改めレクサスIS、ウィンダム改めレクサスESのような「登場感」に欠ける代わり映えがしない車種がほとんどで、車名とエンブレムが「Lの字」に変わっただけで数十万円高くなったと言われ低迷した。

しかし、2012年に「スピンドルグリル」を採用して「一目でレクサスとわかるアグレッシブなデザイン」「エモーショナルな走りの良さ」「ハイブリッドを軸とした先進技術」の3つをプロダクトの柱に据えた（『高くても売れるブランドをつくる！』第3部）。そして、ラグジュアリーブランドとしての地位確立に対する一貫した戦略実行の結果、ランキングで2020年のラグジュアリーSUV車にランクインしている（https://www.forbes.com/companies/lexus/）。さらに、9シリーズも続いた米国の人気ドラマ「スーツ（SUITS）」の主役の1人、すべてにおいて超最高級のものしか認めない超高額報酬弁護士のハーヴィー（Harvey）の所属事務所「ピアソン・ハードマン（Pearson Hardman）」の上級弁護士が使用する社用車は、レクサスの最上級モデルLSであることも、同ブランドのラグジュアリーポジショニング確立の顕著な証

図表A-3　ブランドカテゴリーによる提供価値の比較

ブランドカテゴリー	供給の量	価格帯	提供する価値
ラグジュアリー （現在のレクサス）	限定的・稀少 （ブランド側の都合による）	高額 （価格帯は問題にならない、比較の対象はない）	デザイナー、クリエイターの世界観や、職人の卓越した技、ブランドの歴史など無形価値に依拠するもの
プレミアム （以前のレクサス）	一部限定的～多い （商品やサービスにより異なるが、基本的に多く払えば多く手に入るオプションがある）	比較的高額 （余計に払えばより良いオプションを手に入れられる）	特別感、非日常感、人為的に創出できる高級感
コモディティ （FMCGなど）	多い （カテゴリー内のシェアが重要）	安い	日常感、お買い得感

出所：筆者作成

拠と捉えられる。

このように、ラグジュアリーとプレミアムは一般的に違いを正しく理解されていないことが多いし、企業のブランド担当ですら誤解していることもある。ファッションとラグジュアリーの違いも然りである。

ラグジュアリーとプレミアムの比較を**図表A－3**に示す。ブランドの価値や戦略は変化しており、一つの決まった正解はない。色々な定義が存在するが、プレミアムとラグジュアリーは混同しやすいので、簡単かつ大胆にまとめた本書における定義を示す。

4 コロナ禍でも世界の消費者はラグジュアリーを買う

ビジネスモデルも変化しているが、消費者のラグジュアリーに対する理解も変化している。コロナ禍で、世界の消費者は何を思っているのだろうか。最新の調査結果では、イプソス（Ipsos：パリに本社を構える世界第3位のグローバル・マーケティング・リサーチ会社）による以下のような結果が出ている（https://www.ipsos.com/sites/default/files/ct/news/documents/2019-10/world-luxury-tracking-2019-pr-ipsos.pdf）。

- 富裕層はラグジュアリー製品を価値が長続きするものと考えている
- 購買パターン、選択肢の変化が顕著で、中古市場は世界各国で上昇し、米国と欧州で、2

019年にはインターネットでの中古品購買に対する意欲の上昇が見られた

・ラグジュアリー製品の消費者は、他とは明確に差別化されていて、目新しいクリエイティビティ、未知のクリエイティビティを求めている（特に欧州市場）

・ラグジュアリー企業に対して、倫理的な配慮、自然環境への配慮に対する高いコミットメントを求めている（特に中国の富裕層の90％以上と、世界中のミレニアルのほとんどがこの姿勢に賛同を示した）

・ラグジュアリーに対して、自分なりの定義やイメージを持っており、特に富裕層は根本価値（時間、意味、自然）など、自分たちにとって本物の価値があるとみなしているものとの結びつきを持ちたいという欲望が再燃している

米国の宝飾ブランド、ティファニー（Tiffany & Co.）の現CEO（2021年1月退社）アレッサンドロ・ボリオーロ（Alessandro Bogliolo）はいわゆるベビーブーマーで、日本で言うところのバブル世代に属する。彼が若い頃、ラグジュアリーとは、強力なブランド力がある有名なブランドの美しい製品を買うことだったと言う。これに対し、ミレニアル世代は、そのブランドの名声がどの程度なのか、なぜ支持されているのか、製品の出自やサステイナビリティなどあらゆることを確認しようとする。自分たちベビーブーマー世代とはまったく価値観も行動様式も異なると分析する（https://www.youtube.com/watch?v=IaHvqSmnaJc）。

ラグジュアリーの新たな消費者層には、従来のようにただ高級で稀少価値が高いものを作っているだけでは支持されないということである。あらゆる分野のあらゆる消費者は経験を重ねて、いずれかの時点で成熟する。それに伴い、必要な戦略も変えなくてはならない。長く支持されるために、企業は消費者の成熟化を見越して、先を行く力が求められる。

§A-2 ラグジュアリーコングロマリット

第7章で、今後もさらに加速すると思われる企業の合併、買収の動きを鑑みて、「単なる延命のための身売りではなく、世界展開をする手段として投資を呼び込み、マネジメントリソースの獲得をするための吸収・合併の準備と前向きに考えてブランド戦略を考える」ことを提案した。特に、本書で紹介しているリシュモングループのように、傘下に入れるブランドの個性をなるべく生かす戦略を採っている企業グループないしは企業を見つけて支援を受けることができれば「未来志向の明るい吸収・合併」となるであろう。コングロマリットと一口に言っても、母体が異なれば起源や特徴も異なる。本節は、最適な援助者を見出す際の参考にされたい。

1　ラグジュアリー企業は偶然の産物

　このように、今では「ラグジュアリーブランド」として経営している企業とて、創業時から企業としてブランドマネジメントを戦略的に行い、「ラグジュアリー企業、ラグジュアリーブランド」然としていたわけではない。しかし一般的にはそう思われていないようだ。これが日本の中小零細企業経営者やそこで働く一般人にとって馴染みが薄く、参考にもならない産業と思われている原因のようにも思う。本書で扱うリシュモングループにしても同様だ。

　創業CEOヨハン・ルパート（Johann Rupert）は、リシュモン創業時、ラグジュアリー産業には誰も目をつけておらずまったく「セクシーな産業」ではなかったと言う。カルティエなどのブランドを狙うフランソワ・ピノー（François Pinault）（当時ピノー・プランタン・ルドゥート［Pinault-Printemps-Redoute：PPR］、現ケリング［Kering］の創業者）やベルナール・アルノー（Bernard Arnault）（LVMH会長）、個人投資家もおらず、ラグジュアリー産業などジョークにすぎない、まともな事業をやりたいのなら車でも作って販売しろと周りから真剣に諭されるような時代と環境下で、偶然ラグジュアリー産業に関わることになった。初めからラグジュアリーに馴染みが深い生い立ちや生活で、計画性を持って携わり、戦略を築いたわけではない。

　ラグジュアリーはゆかりが深い生まれや育ちでないと無理だと思われがちだが、傘下でマネジメントされているブランドの創業者とはまったく関係のない人物が率いる企業によってブランド価値が継承され、創業者の予想を超える良い方向に発展、拡大している例も多々あるところが興味深い。言い換えれば、しかるべきブランド価値やそれに紐づくブランド要素（経営資源）を見出し、適切にマネジメントをする術が見つかれば、小さな地元の老舗工房を、100年以上も繁栄を誇るグローバルブランドに成長させられる可能性がある。卓越した良いものを作って、適正な価格で適正な量を流通させ、その価値を損なわないどころか増幅させていく商売のやり方に、華々しさや規模感はないかもしれないが、持続性や安定性がある。

本書の目的は「ラグジュアリー産業の解説」ではないので詳細は省くし、そもそもどのブランドを「ラグジュアリー」と位置付けるのかも、人によって意見が異なる。さらに、ラグジュアリーを定義するとなると、混迷を極めるし、定義したところで大した意味はない。ただし、その特徴を知ることは重要である。特徴を知らなければ、手本にすることなどできないからである。

2　ラグジュアリーコングロマリットにも個性がある

ＬＶＭＨとリシュモンは起源も方向性もまったく異なる。それが経営にも表れているのは興味深い。本書はＬＶＭＨやラグジュアリー解説本ではないので、ここではあくまでこんなに違うということを端的かつ多少主観的にまとめたものを**図表Ａ－４**に示す。ＬＶＭＨについては、

図表A-4　コングロマリット2社比較

	LVMHモエ ヘネシー・ルイ ヴィトン	リシュモン
創業者の出自	フランスの富裕家庭	南アフリカ・父親は一代で財を成した
企業の起源（創業のきっかけや動機）	米国で大統領の名前より自国ブランド（ディオール）が知られていることを目の当たりにし、ブランドの力に開眼	父親の家業（タバコ）をやめて他の潰れない産業を探すように言われてラグジュアリーを発見
大切にしているもの	芸術、芸術性を高めていく、フランス文化を振興する	文化（芸術よりも生活寄り）、人（教育、雇用、経済の安定）
投資対象	芸術、新人デザイナーなどアーティスト。優れたものをもっと尖らせる、高める	教育、文化（職人技術含む）＝雇用創出と維持、文化保護、自国（母国）経済安定化
主な事業分野（売上ベース）	ファッション、革製品、酒、化粧品、香水が全体のおよそ65％（2019年度実績）※時計、宝飾は8％	宝飾・時計が全体のおよそ75％（2019年度実績）
戦略と得意分野	・ラグジュアリー戦略、ハイブリッド戦略	・ラグジュアリー戦略
	・規模、シェア拡大	・カテゴリー内での専門性と独自性強化
	元のテイスト（DNA）を保持したまま、ギリギリまで薄めて拡張するのが得意（例えばクチュールをクチュールのまま芸術性を高めるのが苦手／戦略上やらない）	元のDNAの濃さを生かす、より濃くするのが得意

出所：筆者作成

『ブランド帝国の素顔 LVMHモエ ヘネシー・ルイ ヴィトン』『ルイ・ヴィトンの法則』『それでも強いルイ・ヴィトンの秘密』や『ベルナール・アルノー、語る』（杉美春訳、日経BP社、2003年）を、また、ラグジュアリー戦略については、『ラグジュアリー戦略』『カプフェレ教授のラグジュアリー論』（長沢伸也監訳、同友館、2017年）などを参考にしていただきたい。

参考までにリシュモン、LVMHと併せて3大コングロマリットとして比較されることが多いケリングについても多少触れておく。CEOのフランソワ・アンリ・ピノーはグッチの大変革に関する雑誌のインタビューで「大きくブランドの世界観が変わってしまうと、ブランドの伝統や一貫性を損ねることにはならないか」との問いに対し、「私はブランドのDNAという言葉は好きではありません。DNAは変わらないものですが、ブランドではそのメゾンが持つ歴史の中のヘリテージやシンボルに自らの世界をもつクリエイターが融合することによって、新しいものが生まれるのです」と答えている（「ラグジュアリービジネスに『アート』と『持続性』が必要な理由」『Forbes JAPAN』2018年12月27日）。DNAの解釈と拡張をベースにブランド価値をマネジメントするリシュモンと、DNAに囚われず独自解釈を重んじるケリングの違いは歴然としている。このように、3社はまったく異なる方向性と戦略で運営されており、「ラグジュアリー戦略」と一絡げに理解して表面だけ真似てもまったく意味をなさない。

なお、ケリングについては、『グッチの戦略』などを参考にしていただきたい。

§A-3　日本の萌芽的事例

本書は「リシュモンから学べ」という趣旨の内容なので、日本企業にダメ出しばかりしているように受けとめられるかもしれないが、日本にも素晴らしい企業がたくさんあるし、「あと一歩」が必要な企業のサポートをしている企業や団体、施策も多数存在する。

筆者らは、伸びるための原資は持っているものの、伸び悩んでいる日本企業が参考にできる示唆を得ることが主目的で欧州のラグジュアリー企業の研究を長年行っている。そこで最後に、本書で示した事例に近い日本の例を簡単にではあるが紹介する。規模もリシュモンなどラグジュアリーコングロマリットに比べると小さいし、活動の種類も多岐に渡るので、よく知られている事例を3つ、簡単な特徴とともに紹介する。

1　ファクトリエ（ライフスタイルアクセント株式会社）

——工場直結ファッションブランドが「メイドインジャパン」を世界ブランドへ

熊本市内にある100年続く老舗婦人服店の息子として生まれ、メイドインジャパンの質が良い服の価値がDNAレベルで染み込んでいる山田敏夫代表が2012年に創業した。メイドインジャパンにこだわり、社長自ら日本全国を飛び回って高い技術をもつ工場を開拓し、商品開発から販売まで自社で手がけている。オリジナルブランドプロデュースに加えて、工場が事業を持続的に展開できる未来を実現することを目指し、提携工場を抱え込むのではなく、自分たちのファクトリーブランドを持ち、適正な利益を得られる仕組みを構築している。

自国文化と技術をブランドDNAとして強化、強調し、技術力はあってもブランド化や流通システムを持たないか、開発が不得手な生産委託工場の技術向上と自立性を重んじることで提携企業（工場）のDNA強化と強調も同時に実現するやり方は、リシュモンと傘下ブランドの関係の日本版とも言える。

会社概要　https://factelier.com/aboutus/

ファクトリエショッピングサイト　https://factelier.com

長沢伸也編『感性産業のブランディング』海文堂出版、2020年

2　中川政七商店（株式会社中川政七商店）

――企画製造支援、ブランディング、販路開拓まで総合的なサポートで「日本の工芸を元気にする！」

1716年奈良に奈良晒（ならざらし：奈良地方で産出した麻の晒し布）の商いを行う中川政七商店の13代目中川淳（2018年から会長）が2008年に家業を継承した際、「日本の工芸を元気にす

る」をビジョンに（1）生活雑貨の企画・製造・卸・小売、（2）業界特化型経営コンサルティング、（3）イベント開催による流通サポート、（4）企業のオリジナル商品・ノベルティの製作、（5）茶道具の企画・製造・卸を柱に事業を展開している。国の助成金やブランド振興サポートを利用した振興事業によく見られる、ブランディングや経営コンサルティングを提供してその場限りで終わりがちなサポートと異なり、持続的かつ総合的なサポートを企業として行っている。日本版リシュモンと言ったら言いすぎかもしれないが、近いものがある。

会社概要　https://www.nakagawa-masashichi.jp/company/about/

ショッピングサイト　https://www.nakagawa-masashichi.jp/shop/default.aspx

3　燕三条 工場の祭典（「燕三条 工場の祭典」実行委員会）

――産業と地域を見せることをイベント化し、「KOUBAで、人を繋げる」

企業活動とは種類が異なるが、結果的に地場企業の振興や需要創出に繋がっている顕著な例が、新潟県三条市が主催する「燕三条　工場の祭典」だ。この地域には銅器の玉川堂（https://www.gyokusendo.com）、オープンファクトリーの先駆けとしても有名な高級刃物の諏訪田製作所（https://www.suwada.co.jp）、イヴ・サンローランとのコラボレーションや高級レストランのジョエル・ロブションでも使われている。高級木製カトラリーが有名なマルナオ（http://www.marunao.

com）など海外にも知られる地場企業が集積している燕三条の地域振興イベントは２０１３年に1回目が開催され、歴史は浅いものの、1万人程度の来場から7年で5万人を超える規模にまで増えた。イベントをして地域に人がたくさん来た、だけでは何の示唆にもならないが、地元産業をよく知る主催者による地元産業に特化したイベント開催によって地域の参加企業が倍増し、職人の移住が増え、工場のオープンファクトリー化が進んで産業が活性化し、地域がブランドとして国内外で認知されるようになった点に着目したい。リシュモングループも、バーゼルワールドから独立して独自の見本市ＳＩＨＨ（Salon International de la Haute Horlogerie）を開催し、傘下ブランドの特徴をより効果的にＰＲできるようになったのと共通点がある。

公式サイト　https://kouba-fes.jp/

長沢伸也編『老舗ものづくり企業のブランディング』同友館、２０２０年

長沢伸也・川村亮太共著『地場伝統企業のものづくりブランディング』晃洋書房、２０２０年

【編著者紹介】
長沢伸也（ながさわ　しんや）
早稲田大学ビジネススクール（大学院経営管理研究科）教授、早稲田大学ラグジュアリーブランディング研究所長。工学博士（早稲田大学）。1955年生まれ。1980年同大学大学院理工学研究科機械工学専攻博士前期課程修了。1995年立命館大学経営学部教授などを経て、2003年より現職。専門はラグジュアリーブランディング論。著書に『ルイ・ヴィトンの法則』『シャネルの戦略』『グッチの戦略』、訳書に『ラグジュアリー戦略』『ファッション&ラグジュアリー企業のマネジメント』（以上、東洋経済新報社）など。

【著者紹介】
杉本香七（すぎもと　かな）
東洋英和女学院大学社会科学部社会科学科卒業。早稲田大学ビジネススクール（大学院商学研究科専門職学位課程ビジネス専攻）修了、経営管理修士（MBA。早稲田大学）。早稲田大学大学院商学研究科博士後期課程（商学専攻）満期取得退学。専門はラグジュアリーブランド・マネジメント。『シャネルの戦略』（東洋経済新報社）共著者。早稲田大学ビジネススクール（大学院経営管理研究科）、早稲田大学理工学術院、法政大学経済学部非常勤講師。株式会社メントール代表取締役社長。

【執筆協力】
寺﨑新一郎（早稲田大学大学院商学研究科博士課程修了生）
清水亜子・石原進一・内藤清美（早稲田大学大学院商学研究科ビジネス専攻修了生）

カルティエ　最強のブランド創造経営
巨大ラグジュアリー複合企業「リシュモン」に学ぶ感性価値の高め方

2021年4月8日発行

編著者――長沢伸也
著　者――杉本香七
発行者――駒橋憲一
発行所――東洋経済新報社
〒103-8345　東京都中央区日本橋本石町 1-2-1
電話＝東洋経済コールセンター　03(6386)1040
https://toyokeizai.net/

装　丁…………吉住郷司
本文レイアウト……村上顕一
イラスト…………長沢幸子
印　刷…………東港出版印刷
製　本…………積信堂
編集協力………パプリカ商店
編集担当………齋藤宏軌
Printed in Japan　　ISBN 978-4-492-50324-9